Doctoral Elite Library
华南博士文库

- 本书系江西省高校人文社会科学研究项目"大数据环境下电子商务精准营销策略研究"重要成果之一，课题编号：JC20207

基于三层知识融合的电子商务推荐模型研究

朱娟 著

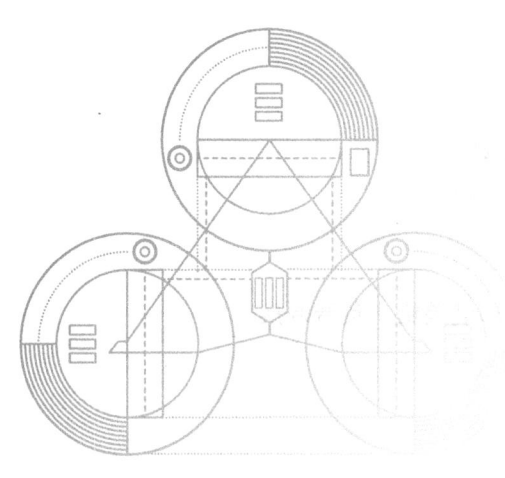

·广州·

本书系广东省高校人文社会科学研究项目"大数据环境下电子商务精准营销策略研究:重要成果之一",课题编号:JC2020Y。

图书在版编目（CIP）数据

基于三层知识融合的电子商务推荐模型研究／朱娟著． －－广州：华南理工大学出版社，2025.6． －－ISBN 978 -7 -5623 -7853 -2

Ⅰ．F713.36

中国国家版本馆 CIP 数据核字第 2024SV1846 号

Jiyu Sanceng Zhishi Ronghe De Dianzi Shangwu Tuijian Moxing Yanjiu
基于三层知识融合的电子商务推荐模型研究
朱 娟 著

出 版 人：房俊东
出版发行：华南理工大学出版社
（广州五山华南理工大学17号楼，邮编510640）
http://hg.cb.scut.edu.cn E-mail: scutc13@scut.edu.cn
营销部电话：020 -87113487   87111048（传真）

策划编辑：庄 严 肖 颖
责任编辑：黄 勇 肖 颖
责任校对：王洪霞
印 刷 者：广州方迪数字印刷有限公司
开　　本：787mm×1092mm　1/16　印张：12　字数：202 千
版　　次：2025 年 6 月第 1 版　印次：2025 年 6 月第 1 次印刷
定　　价：58.00 元

版权所有　盗版必究　　印装差错　负责调换

目录
contents

0 绪论 ·· 1
　0.1 选题背景及意义 ··· 2
　　0.1.1 选题背景 ··· 2
　　0.1.2 选题意义 ··· 5
　0.2 国内外研究现状分析 ··· 6
　　0.2.1 用户需求建模 ··· 6
　　0.2.2 商品特征建模 ··· 9
　　0.2.3 推荐技术研究 ··· 11
　　0.2.4 国内外研究述评 ··· 14
　0.3 研究目标、内容、方法、重难点与创新点 ············· 15
　　0.3.1 研究目标 ··· 15
　　0.3.2 研究内容 ··· 16
　　0.3.3 研究方法与工具 ··· 18
　　0.3.4 研究重难点 ··· 19
　　0.3.5 研究创新之处 ··· 19

1 相关理论与方法 ··· 21
　1.1 电子商务推荐原理及相关技术 ································· 22
　　1.1.1 电子商务推荐 ··· 22
　　1.1.2 基于内容的推荐 ··· 23
　　1.1.3 基于协同过滤的推荐 ····································· 25
　　1.1.4 基于知识的推荐 ··· 29
　　1.1.5 几种推荐技术的比较 ····································· 32

1.2 知识融合理论与方法 …… 32
1.2.1 知识融合概念界定 …… 32
1.2.2 知识融合框架 …… 34
1.2.3 知识融合算法 …… 37
1.2.4 知识融合的应用 …… 39
1.3 小结 …… 43

2 基于三层知识融合的推荐模型框架 …… 45
2.1 问题的提出 …… 46
2.1.1 冷启动问题 …… 46
2.1.2 数据稀疏性问题 …… 47
2.1.3 精准性与惊喜性问题 …… 48
2.2 基于知识融合推荐框架的理论依据 …… 49
2.2.1 消费者行为理论 …… 49
2.2.2 消费价值感知理论 …… 52
2.2.3 三层知识融合理论 …… 54
2.3 基于知识融合模型的电子商务推荐框架 …… 56
2.3.1 基于数据层融合的个性化推荐知识库构建 …… 57
2.3.2 基于模型层融合的用户偏好建模和商品特征建模 …… 59
2.3.3 基于应用层融合的电子商务推荐方法体系构建 …… 59
2.4 小结 …… 60

3 基于数据层知识融合的电子商务推荐知识库构建 …… 61
3.1 电子商务推荐知识库构建的理论基础及问题描述 …… 62
3.1.1 语义本体技术 …… 62
3.1.2 问题描述 …… 64
3.2 电子商务推荐知识库的构建 …… 68
3.2.1 基于本体的推荐知识模型（ReKnOnto） …… 68
3.2.2 商品知识获取 …… 72
3.2.3 用户知识获取 …… 73

3.3 小结 ·· 75

4 基于标签和评论融合的商品特征模型构建 ······························ 77
4.1 问题分析及描述 ·· 78
4.2 基于标签的商品特征建模 ·· 80
 4.2.1 数据预处理 ·· 81
 4.2.2 商品特征本体的构建 ·· 83
 4.2.3 标签在本体中的规范化处理 ·································· 85
4.3 基于评论的商品特征建模 ·· 86
 4.3.1 问题定义及相关假设 ·· 87
 4.3.2 在线评论分词 ·· 87
 4.3.3 候选特征集的提取 ·· 88
 4.3.4 商品特征的选择 ·· 89
4.4 基于标签–评论融合的商品特征模型 ·································· 92
4.5 实验与分析 ·· 93
 4.5.1 实验数据 ·· 93
 4.5.2 实验设计 ·· 93
 4.5.3 实验结果及分析 ·· 96
4.6 小结 ·· 97

5 基于兴趣图谱和社交图谱融合的用户需求模型构建 ······················ 99
5.1 问题分析及描述 ·· 100
5.2 用户兴趣图谱的构建 ·· 102
 5.2.1 初始兴趣图谱的生成 ·· 104
 5.2.2 兴趣图谱的演化与扩展 ······································ 105
5.3 基于社交图谱的用户信任网络的构建 ································ 111
 5.3.1 社交网络基础理论 ·· 111
 5.3.2 社交网络中的信任关系 ······································ 112
 5.3.3 信任网络的构建 ·· 118
5.4 基于兴趣图谱和社交图谱融合的用户需求模型 ························ 127

5.5　实验与分析 ………………………………………………… 132
　　　　5.5.1　实验数据 …………………………………………… 132
　　　　5.5.2　实验设计 …………………………………………… 133
　　　　5.5.3　实验结果及分析 …………………………………… 136
　　5.6　小结 ……………………………………………………… 138

6　**基于 D-S 证据理论的推荐算法融合** …………………………… 139
　　6.1　问题分析和描述 ………………………………………… 140
　　6.2　基于价值叠加算法的推荐 ……………………………… 141
　　　　6.2.1　基本假设和原理 …………………………………… 141
　　　　6.2.2　用户—属性评分矩阵的转换 ……………………… 143
　　　　6.2.3　基于 TF-IDF 的属性偏好权重 …………………… 146
　　　　6.2.4　推荐的生成 ………………………………………… 147
　　6.3　基于神经网络算法的推荐 ……………………………… 147
　　　　6.3.1　基本原理 …………………………………………… 147
　　　　6.3.2　推荐的生成 ………………………………………… 148
　　6.4　基于特征属性的协同过滤推荐 ………………………… 151
　　6.5　基于 D-S 证据理论的推荐方法融合 …………………… 153
　　6.6　实验与分析 ……………………………………………… 156
　　　　6.6.1　实验数据 …………………………………………… 156
　　　　6.6.2　实验设计 …………………………………………… 157
　　　　6.6.3　实验结果及分析 …………………………………… 159
　　6.7　小结 ……………………………………………………… 163

7　**总结与展望** ……………………………………………………… 165
　　7.1　总结 ……………………………………………………… 166
　　7.2　不足之处 ………………………………………………… 168
　　7.3　研究展望 ………………………………………………… 168

参 考 文 献 ………………………………………………………… 170

图目录

图 0-1	本书框架结构	16
图 1-1	电子商务推荐原理	22
图 1-2	基于内容的推荐原理	23
图 1-3	基于本体的知识融合一般框架	36
图 1-4	知识融合应用领域	40
图 2-1	科特勒行为选择模型	49
图 2-2	消费者行为模式理论演变	52
图 2-3	消费过程各阶段的不同问题	53
图 2-4	Sheth-Newman-Gross 消费价值模型	54
图 2-5	Fisch 三层知识融合模型	55
图 2-6	基于三层知识融合模型的推荐框架	58
图 3-1	个性化推荐的数据层知识融合模型	68
图 3-2	ReKnOnto 推荐知识本体顶层关系	70
图 3-3	用户知识模型	71
图 3-4	商品知识模型	71
图 4-1	商品特征建模思路图	80
图 4-2	用户—标签—商品关系示例图	82
图 4-3	标签本体层次结构图	85
图 4-4	基于标签的本体构建	86
图 4-5	哈工大同义词词林示例	89
图 4-6	剪枝示例图	90
图 4-7	电影标签本体	95
图 5-1	用户需求模型构建思路图	102

图 5-2 用户—兴趣—商品推荐机制 ·················· 105
图 5-3 信任网络示例图 ····························· 115
图 5-4 信任网络模型原理图 ························ 119
图 5-5 信任网络中直接信任度等级划分图 ········· 126
图 5-6 单用户融合前后用户评分数量对比 ········· 137
图 6-1 评分缺失率对比 ····························· 160
图 6-2 利用不同算法进行推荐的准确率对比 ······ 161

表目录

表号	标题	页码
表1-1	协同过滤中的用户—项目评分矩阵	26
表1-2	各种推荐方法的比较	32
表1-3	基于本体的融合框架	35
表1-4	基于信息融合技术的融合算法	38
表3-1	本体概念之间的四种基本关系	64
表4-1	tags.dat中部分标签	94
表4-2	基于评论初始集的电影候选特征集	95
表4-3	电影特征属性集	96
表5-1	初始用户—兴趣矩阵	109
表5-2	兴趣—兴趣相似矩阵	109
表5-3	最终用户—兴趣矩阵	110
表5-4	用户1的评分矩阵	133
表5-5	用户的初始兴趣权重矩阵（用户1~用户5）	134
表5-6	部分兴趣相似度矩阵	135
表5-7	部分兴趣图谱自学习结果	135
表5-8	部分用户信任网络	136
表5-9	融合前后数据稀疏度对比	137
表6-1	用户—商品评分矩阵	143
表6-2	商品—属性矩阵	144
表6-3	变换后的商品—属性矩阵	145
表6-4	用户—属性评分矩阵	146
表6-5	u.item文件数据说明	156
表6-6	u.data文件数据说明	157

表6-7　部分电影属性值 …………………………………………… 158

表6-8　数据缺失率转化前后比较 ………………………………… 159

表6-9　基于知识融合的部分用户推荐惊喜度 …………………… 162

表6-10　不同算法惊喜度对比 …………………………………… 163

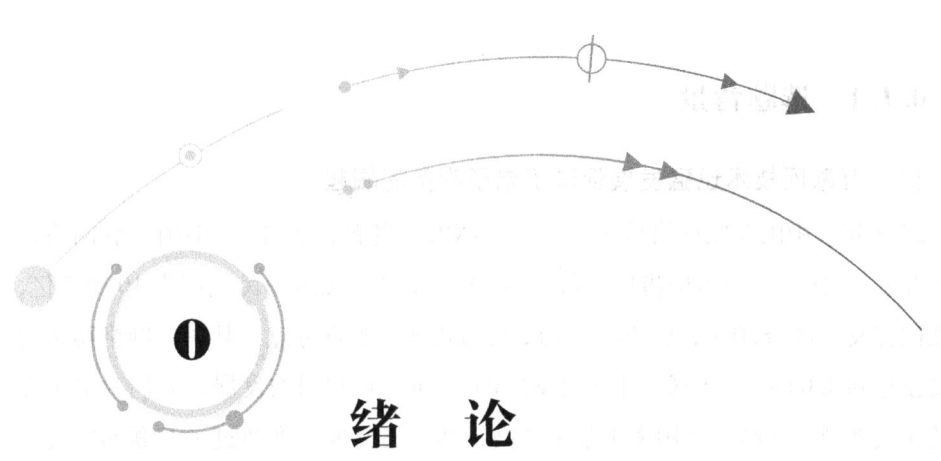

绪 论

0.1 选题背景及意义

0.1.1 选题背景

(1) 互联网技术迅猛发展促进了电子商务的崛起

2024年，中国互联网络信息中心（CNNIC）发布第54次《中国互联网络发展状况统计报告》，报告中指出，截至2024年6月，我国网民规模为10.997亿，互联网普及率达78.0%，较2023年12月增长0.5个百分点。其中，网络购物用户规模达到9.05亿，在网民中占比82.3%。随着互联网的发展，人们对电子商务的接受度越来越高，使用率也越来越高，其发展速度一度超过了互联网的发展速度。而作为电子商务的参与方，企业通过电子商务的盈利也可见一斑。2024年，网络购物市场保持稳健增长，上半年全国网络零售额70991亿元，同比增长9.8%，占社会消费品零售总额的25.3%，在消费中占比持续提升。由此可见，互联网技术不仅改变了传统的商业购物模式，也改变了人们的生活购物习惯。电子商务之所以被越来越多的用户接受，其最大的优势在于其便利性。于消费者而言，无须出门，就可以浏览天下的商品，在全世界范围内进行商品价值、质量的对比，购物渠道得到扩展，购物体验面得以拓宽，同时还节省了逛实体店所耗费的时间成本和交通成本；于商家而言，缩减了店面、人工以及仓库存储所耗费的成本，提高了企业效益。

(2) 大数据带来的信息过载造成了消费者的决策困境

Web 1.0时代，用户可以免费接收网络信息；web 2.0时代，用户除了接收信息，还可以生成并管理信息；web 3.0时代，生成信息的不仅是人，还包括机器、各种形式的传感器及智能通信设备等。从web 1.0到web 3.0，唯一不变的是信息的高速增长。2024年，国家互联网信息办公室发布的《数字中国发展报告（2023年）》显示，2023年我国数据产量达32.85 ZB，同比增长22.44%，数据存储总量达1.73 ZB。大数据产生和发展的根源在于用户逐渐习惯通过互联网生成内容，用户生成内容一方面增强了其对互联网的依赖，方便获取更多其他用户的可靠信息，另一方面也促进了其对自身信息的分享与表达。这就使用户既成了信息的接收者又成了信息的发布者，他们不仅通过互联网获取信息，还通过互联网发布和传递信息。大数据由此形成，为用户和企业获取知识提供了更多的来源和渠道，但同时信息质量良莠不齐，价值稀疏，又为用户和企业的决策带来了困境。

网络用户从发现消费需求到实施购物活动是一个制定决策的过程，经历了需求发现、信息的获取与比较、需求与商品的匹配以及决策的制定等一系列复杂的流程。而在大数据环境下，实现对信息可信度和重要性的辨别更是异常困难。对普通用户而言，大数据并不是精准可靠的知识，而是需要大浪淘沙才可以获取知识的海量信息库。搜索引擎通过为用户提供关键字搜索功能，在一定程度上辅助了用户对信息的筛选。但是，由于一般的搜索引擎缺乏个性化的支持，而普通用户又缺乏专门的训练，往往在搜索关键字的描述上也缺乏专业性，因此搜索引擎的反馈结果不足以满足用户对购物决策支持的需求，反而造成了消费者的决策困境。综上，要解决消费者的决策问题，就需要搭建一个比搜索引擎更主动、更个性化的平台。

（3）电子商务推荐系统为消费者的决策困境提供了解题之策

在大数据环境下，由用户和平台共同产生的浩如烟海的商品信息，使用户陷入面临海量信息的决策困境，而电子商务推荐系统为辅助消费者脱离决策困境提供了解题之策。20 世纪 80 年代初，Denning 就认为企业的关注点不应该是产生和发布信息，而应该是接收和控制信息，并将其传递给相应的有需求的人[①]。电子商务推荐系统即符合 Denning 的设想，通过挖掘和考虑用户的个性化需求，将可能符合其需求的信息以"主动"方式推送给用户，这样的信息筛选模式，不仅节约了用户的时间成本，还提高了用户的满意度。因为对用户而言，其需求在很多情况下是潜在的或不被自身觉察的，但是通过推荐系统，用户可以感知自己的潜在需求，体验平台的主动服务。

电子商务推荐系统的作用表现在三个方面[②]。①将电子商务网站的浏览者变

---

① DENNING P J. ACM president's letter: electronic junk [J]. Communications of the ACM, 1982, 25 (3): 163 - 165.

② 李聪，马丽. 电子商务推荐系统瓶颈问题研究 [M]. 北京：科学出版社，2016：2 - 4.

成购买者。跟大部分传统商务模式下的消费者一样,电子商务平台的浏览者具有成为购买者的可能性,但这不具有必然性。电子商务推荐系统具有较高的推荐能力,能够实现这种转化。②提高电商网站交叉销售能力。交叉销售能够引导用户发现并购买自己有潜在需求但还未曾想到的商品,推荐系统可以根据用户购物车中的商品向其推荐相关商品来提高整体销售额。③建立电商网站客户忠诚度。电子商务推荐系统通过向用户推荐其满意的商品,来提升用户对平台的体验感,有利于用户重复购买行为的发生,同时,电子商务平台的推荐是基于对用户行为的分析,行为数据越丰富,推荐质量越高。因此,在用户和电商平台之间形成良性循环,有利于提高用户忠诚度。

(4) 目前的推荐系统还有待优化

个性化的服务是网络购物得以快速发展的关键优势,而推荐系统是个性化服务最重要的实施平台。互联网的快速发展改变了用户的生活方式和购物模式,当用户经历了最初对电子商务推荐的新鲜感和满足感之后,其对电子商务推荐系统的要求也越来越高,推荐系统在个性化、准确性等的基础上,还要满足用户不同方面的需求,比如对多样化的需求、对惊喜性的需求等。大数据环境下,用户生成的信息越来越丰富,为推荐系统挖掘用户特征、精准定位用户需求提供了数据基础,但是由于理论和技术的限制,用户对现有的推荐系统的满意度还不够高。统计数据显示,超过八成的用户认为隐私受到推荐系统的侵犯,因为推荐结果与自己的隐私数据相关联①。

目前购物网站的推荐算法主要有:①根据用户搜索、浏览的物品的相似度进行推荐;②通过采集用户购买、浏览、收藏商品的数据来对用户进行聚类,推荐同一类用户购买的商品;③根据购买某一商品的人群之间的相似度进行推荐;④根据两种或两种以上商品被同时购买的强关联概率进行推荐。上述算法并不能达到精确匹配的要求,用户时常略过推荐的商品信息,甚至对此产生反感。研究数据显示,越来越多的用户觉察到推荐系统利用其隐私数据进行推荐的行为,并表达了各自的态度,除了将近四成的用户认为推荐行为提升了购物的体验感外,将

---

① CNNIC. 2015 年中国网络购物市场研究报告 [R]. 北京:中国互联网络信息中心,2016.

近三成的用户开始意识到这种推荐是对自己隐私的侵犯①。

因此,如果不能对用户需求痛点精准把握,很容易招致用户反感甚至对用户的工作和生活造成严重影响。一方面,用户享有知情权,有权知道自己的隐私数据在何处如何被使用;另一方面,一旦推荐的结果让用户不满意甚至反感,用户可能会退订推荐商品信息。

0.1.2 选题意义

在电子商务和移动互联网快速发展的今天,消费者对消费服务的需求越来越多,有效的个性化推荐对于满足用户需求、提升商品销量,乃至促进商品经济发展至关重要,需要相关的理论和技术支持。多年来,学术界从多个视角对个性化推荐进行了大量的研究探讨。但面向消费者服务需求、基于消费者价值感知角度的相关研究则较少。笔者在对消费者价值感知理论和知识融合理论进行深入剖析的基础上发现,用户的购买过程是不断追求消费价值的过程,消费价值的体现则基于商品特征。因此,本书将电子商务推荐定义为用户知识和商品知识的融合过程,通过对用户知识进行融合来发现用户对商品的价值需求,通过对商品知识进行融合来探索其价值表征,然后再对用户需求知识和商品特征知识进行融合,构建关联关系,并最终生成推荐列表,帮助用户完成购物决策。本选题的研究意义主要体现在理论和实践两方面。

(1) 理论意义

第一,丰富了商品推荐的理论知识。商品推荐是用户需求和商品的匹配问题,如何从大数据中挖掘用户需求、如何构建商品的特征模型、构建怎样的模型等,对于推荐的效果都有着至关重要的作用。本书在对消费者行为理论、消费者价值感知理论进行研究的基础上,分析了用户行为对其消费意愿的影响,认为用户标签、评论、评分行为及用户信任关系会影响用户决策,并基于此构建了用户需求模型。

第二,促进了多种方法与技术的融合。本书在构建用户偏好模型和产品特征模型时,运用本体技术和数据挖掘方法;在个性化推荐部分,利用 D-S 证据理论

---

① 李聪,马丽. 电子商务推荐系统瓶颈问题研究 [M]. 北京:科学出版社,2016:2-4.

将多种推荐算法进行融合，试图缓解数据稀疏性带来的危害，以达到更好的用户满意度。

第三，拓展了个性化商品推荐的研究视角。本书将"推荐"定义为用户知识和商品知识的融合过程，对用户知识进行融合构建用户需求模型，对商品知识进行融合构建商品特征模型，对用户需求知识和商品特征知识融合形成推荐列表，这是一个全新的视角。

(2) 实践意义

第一，提高用户决策效率，提升在线购物体验。在中国网民中，网络购物人数约占网民的80%。而在电商平台中，推荐系统可以提升商品销量，提高企业效益。个性化推荐能让消费者及时发现更有购买意愿的产品，避免用户耗费大量的时间和精力在浩瀚的商品中亲自感知然后进行决策，大大提高其决策效率。

第二，帮助电商企业更好地了解消费者价值取向，提高企业效益。通过对消费者行为的分析来探索用户的偏好和需求，有助于电商企业精准定位用户特征，实现高质量的推荐，提升企业效益，甚至实现个性化定制。

0.2　国内外研究现状分析

0.2.1　用户需求建模

从信息系统的角度来看，个性化推荐系统可划分为三个阶段，即推荐系统的输入、数据的处理以及数据的输出。在推荐系统的输入阶段，输入信息即为用户的需求，用户需求决定了最终的输出效率，推荐结果是否符合用户需求、是否满足用户意愿。因此，识别和表达用户需求是推荐系统输入阶段所要完成的主要工作，也是整个推荐系统的基础，这即是用户需求建模。用户需求建模是个性化推荐的前提，用户需求表达的准确性、实时性是用户建模的目标。

协同过滤是目前推荐系统的主流算法之一。协同是对具有相似兴趣的用户进行聚类，因此构建具有相似兴趣的用户群组模型就是本类算法的关键。对聚类算法进行重新设计和改进，从而提高兴趣度相似用户的聚类效果是这类研究的主要方向，如 George、Merugu① 提出的 Co-clustering 和 Puntheeranurak、Tsuji② 提出的 Multi-Clustering；王太雷③通过相似模式提高了聚类的效果，岳训等将潜在购买者与购买率较高的用户进行比较，通过矩阵聚类来挖掘其相似特征④。

用户需求建模主要根据用户行为来评估用户对项目的偏好程度，而对于未知项目，无法通过用户行为来评估时，那么通过用户之间的相似性度量来挖掘用户可能的潜在需求，实现对用户需求的预测，即协同过滤的主要思想⑤。

在基于内容的推荐上，主要通过用户与项目的匹配来实现。部分研究基于内容的推荐直接将项目进行归类，如 Kwon⑥、岑咏华等⑦的研究，部分研究则从商品细粒度特征考虑商品的属性。这样，在构建用户模型时更加灵活，可以引入不同变量，比如用户购买信息、兴趣信息等。Naudet⑧ 利用本体技术构建了用户模型，用户本体模型描述了用户的多维信息，包括其认知能力、兴趣、消费记录以及个人统计信息等，即便如此，此模型在推荐的效果上仍然存在缺憾。刘滨强⑨

---

① GEORGE T, MERUGU S. A scalable collaborative filtering framework based on co-clustering [C] //IEEE International Conference on Data Mining. IEEE, 2005: 4.

② PUNTHEERANURAK S, TSUJI H. A multi-clustering hybrid recommender system [C] // Computer and Information Technology, 2007. CIT 2007. 7th IEEE International Conference on. IEEE, 2007: 223 - 228.

③ 王太雷. 基于相似模式聚类的电子商务网站个性化推荐系统研究 [J]. 计算机工程与应用, 2005, 41 (6): 152 - 157.

④ 岳训, 苗良, 巩君华, 等. 基于矩阵聚类的电子商务网站个性化推荐系统 [J]. 小型微型计算机系统, 2003, 24 (11): 1922 - 1926.

⑤ CHEN L. Recommendation for key derivation using pseudorandom functions [J]. Nist Special Publication, 2009: 10 - 20.

⑥ KWON C M, KIM S Y. Simulation study on e-commerce recommender system based on a customer-product purchase-matrix [M] // AsiaSim 2007. Springer Berlin Heidelberg, 2007: 327 - 336.

⑦ 岑咏华, 甘利人, 丁晟春. 基于内容的 Web 个性化推荐技术研究 [J]. 图书情报工作, 2003 (8): 30 - 34.

⑧ NAUDET Y, MIGNON S, LECAQUE L, et al. Ontology-based matchmaking approach for context-aware recommendations [C] // International Conference on Automated Solutions for Cross Media Content and Multi-Channel Distribution. IEEE Computer Society, 2008: 218 - 223.

⑨ 刘滨强. 移动环境下的个性化推荐用户兴趣建模研究 [D]. 北京: 北京邮电大学, 2009.

也构建了移动数据业务的用户模型。JUNZHONG JI 等①构建了一个基于用户组的推荐模型,其主要原理是利用贝叶斯概率来实现推荐。用户需求模型的构建,主要是根据用户已有的购买行为或个人数据等相关信息,来对其偏好或需求进行预测,从而实现推荐。比如,针对电影网站,根据用户曾经看过的电影的特点,如导演、类型、主演、拍摄年代等,分析该用户可能感兴趣的电影特征,从而向其推荐可能感兴趣的电影列表。

随着研究的发展,用户需求的建模不再是文本信息的过滤,而要实时动态地收集用户行为数据,比如用户评分矩阵等,并在此基础上构建用户模型,用以描述用户偏好特征。为了获取用户信息,构建用户需求模型,在用户信息处理过程中,TF-IDF 是主要表征文件的方法。在用户需求模型的构建中,为了挖掘用户需求,通常通过贝叶斯网络或决策树等机器学习算法来进行信息的挖掘和处理。利用这些机器学习算法,就可以对网络信息中的相关数据进行分析获得用户模型,然后基于此对用户进行推荐②。

用户评价是获取用户兴趣的重要途径,用户评价主要通过两种方式来体现,一种是用户对项目进行数值型评分,通过直接打分的方式来表达对商品的偏好;另一种是用户对项目进行短文本的评论,通过文字语言来描述用户对商品的体验结论。通过这些数值评分和文本评论,可以分析用户的兴趣,从而构造用户兴趣模型。Yuan 不仅考虑了用户感兴趣的项目,还将用户购买过但是评价差的项目进行了分析,利用消费者评价信息,探索了用户需求模型的构建③。Patra B K 等利用用户间评分相似性来探讨用户需求的扩展,并在相似性算法上进行了改进,认为用户的兴趣是其对商品价值感知的体现④。

---

① JI J, HU R, ZHANG H, et al. A hybrid method for learning Bayesian networks based on ant colony optimization [J]. Applied Soft Computing Journal, 2011, 11 (4): 3373 - 3384.

② WANG J, ZHANG Y. Utilizing marginal net utility for recommendation in e-commerce [C] // International ACM SIGIR Conference on Research and Development in Information Retrieval. ACM, 2011: 1003 - 1012.

③ YUAN Q, CONG G, SUN A. Graph-based Point-of-interest Recommendation with Geographical and Temporal Influences [J]. 2014: 659 - 668.

④ PATRA B K, LAUNONEN R, OLLIKSINEN V, et al. A new similarity measure using Bhattacharyya coefficient for collaborative filtering in sparse data [J]. Knowledge-Based Systems, 2015, 82 (C): 163 - 177.

现有的用户模型主要是以用户行为为底层数据来进行构建,这里就会导致一些问题。首先,用户行为是有时效性的,是变化的,过去的行为不代表具有未来的可借鉴性。其次,行为是结果,并不是动机,不同的动机可能产生相同的结果,而在不同的情境下,相同的动机也可能产生不同的结果。因此,仅仅基于用户行为来探索用户偏好及需求存在着片面性,必然导致推荐的效果在准确性上存在不足。

0.2.2 商品特征建模

电子商务个性化推荐实际是研究用户和商品的匹配问题,用户和商品是研究的关键点,现有的研究主要从用户出发,挖掘用户需求,研究商品特征,再根据其关联关系,从而实现向用户推荐商品的目的。用户需求是推荐的目标,而商品是推荐的对象,在现有的电子商务环境下,商品过剩、同质严重,如果不对推荐对象进行深入挖掘,推荐结果也很难令人满意。Lilien 等的研究表明消费者在进行网络购物决策时,会根据产品或服务的用途以及购物环境做出不同的决策[1]。只研究用户、忽视商品作为推荐对象的研究,很容易陷入"单腿走路"的困境,只有两者兼顾,才能解决这一问题,真正做到满意化推荐。因此,挖掘商品特征,构建商品特征模型成为电子商务推荐的另一重要研究内容。

商品特征可以分为两类,自然属性和社会属性。自然属性主要包括类别、品牌、外观以及品质等;社会属性指通过流通与消费者产生关联而形成的特征,主要包括商品的口碑、评价和价值等。自然属性方面的研究主要从商品之间的关联入手。丁振国、陈静认为商品之间存在相似性,他们通过对用户购买数据中商品的关联性进行分析,并以此为基础,构建相似商品的特征模型,设计了一套推荐系统,用于辅助用户购物决策[2]。朱清香等[3]认为传统关联规则挖掘算法中频繁项

---

[1] LILIEN G L, MORRISON P D, SEARLS K, et al. Performance assessment of the lead user idea-generation process for new product development [J]. Management Science, 2002, 48 (8): 1042 – 1059.

[2] 丁振国, 陈静. 基于关联规则的个性化推荐系统 [J]. 计算机集成制造系统, 2003, 9 (10): 891 – 893.

[3] 朱清香, 侯会茹, 刘晶, 等. 基于矩阵多源加权关联规则在个性化推荐中的应用 [J]. 科技管理研究, 2015, 35 (1): 183 – 187.

信息不完善，同时，对影响用户购物行为的因素挖掘不充分，因此，提出了一种新的推荐模型，该模型通过对多源影响因素进行加权，来区分多因素对用户行为的影响，并在考虑虚拟行为水平加权和多源关联垂直加权的基础上引入最小支持数概念作为剪枝的依据。语义，是探索商品特征，构建商品模型的重要角度，Rayid Ghani 和 Andrew Fano[①]在服装领域对此进行了研究，通过对服装领域的文本进行学习，然后构建领域知识库，在此基础上，无论是挖掘用户偏好，还是实现最终的商品推荐都具有重要意义。

商品社会属性方面的研究，主要从商品与人之间的关系展开，具体而言，包括因人而生的社会关注度和流通过程中由用户产生的对商品的评价信息等。所谓的社会关注度，指的是商品在流通过程中，所引发的消费者对商品的态度的总称，包括关注度、活跃度、精细度、流行度以及喜悦度等。Dai 等对上述五种社会关注度进行了研究，结果表明，活跃度高的商品更容易被用户接受[②]。在商品质量参差不齐的电商网站，用户在进行购物决策前往往会从其他用户的评论中寻找依据，因此，推荐系统也需要考虑用户的评论数据。Mudambi 等通过对亚马逊的评论数据进行分析，认为用户发布评论的字数以及用户情感极性的表达等因素会对在线评论的有用性产生影响，而商品类别可以作为参数对其有用性进行调节[③]。Yang 等通过对视频评论进行研究，证明评论的数量会影响用户购买意愿，而消极情绪的评价对用户购买意愿的影响更大[④]。廖成林等人的研究结果表明，评论者属性与评论信息属性都对在线评论的有用性具有显著影响[⑤]。上述对评论

---

① GHANI R, FANO A E. Using text mining to infer semantic attributes for retail data mining [C] // IEEE International Conference on Data Mining, 2002. ICDM 2003. Proceedings. IEEE, 2008：195 - 202.

② DAI C, QIAN F, JIANG W, et al. A personalized recommendation system for NetEase dating site [J]. Proceedings of the Vldb Endowment, 2014, 7 (13)：1760 - 1765.

③ MUDAMBI S M, SCHUFF D. What makes a helpful online review? a study of customer reviews on amazon. com [M]. Society for Information Management and The Management Information Systems Research Center, 2010.

④ YANG L, XI P. Opinion dynamics under different agents' personality [J]. 2010, 1：342 - 345.

⑤ 廖成林，蔡春江，李忆. 电子商务中在线评论有用性影响因素实证研究 [J]. 软科学，2013, 27 (5)：46 - 50.

文本进行的有效性研究表明，用户对商品的评分往往集中在极好或极坏两个极端，这种分布是否是用户的真实评价还有待商榷，最重要的是这种评分结构降低了评论对潜在消费者进行决策的参考性。因此，对商品评论的研究，不仅仅是对评论有用性的排序，更应该从评论语义的角度，挖掘评论对商品特征的表达，从而间接探索用户对商品特征的偏好，以此为视角来实现推荐，才能真正辅助用户的购物决策。

0.2.3 推荐技术研究

为了实现推荐，Goldberg 最初提出了协同过滤的概念，并将这一概念应用于电子邮件系统，帮助用户在庞大的邮件数据中快速准确地找到自己所需的邮件[1]。在推荐系统的发展初期，系统是半自动化的，即邻居由用户自己确定，这一条件对参与推荐的用户要求非常严格，用户之间必须互相熟悉，致使最初的推荐只能在小规模范围内使用，对于如今推荐流行的领域，比如电商、新闻等，在当初并不适用[2]。此后，GroupLens 对推荐系统中的协同过滤进行了改进，利用网站设置评分等级，通过用户交互，实现用户通过项目评分来显示其偏好；网站通过收集用户评分数据来挖掘兴趣相似的用户，然后利用相似用户的协同过滤，来预测用户对未购买项目的可能评分，最后将预测评分高的项目推荐给用户[3]。GroupLens 相比于初期的推荐系统的半自动化而言，实现了用户邻居的自动化获取，使用更加灵活，规模也得到了扩展，在推荐的个性化方面成绩显著，因而，受到了普遍的关注和应用，成为后来的主流推荐算法。

互联网的快速发展以及相应的网络用户数量的急剧膨胀，使早先名噪一时的协同过滤也逐渐不能满足用户的需求，不得不迎接诸多挑战。比如与用户增长不相适应的用户评分数据的稀缺，以及当新用户或新项目进入推荐系统，由于缺乏

---

[1] GOLDBERG D, NICHOLS D A, OKI B M, et al. Using collaborative filtering to weave an information tapestry [J]. Communications of the Acm, 1992, 35 (12): 61-70.

[2] 夏培勇. 个性化推荐技术中的协同过滤算法研究 [D]. 青岛：中国海洋大学, 2011.

[3] RESNICK P, IACOVOU N, SUCHAK M, et al. GroupLens: an open architecture for collaborative filtering of netnews [C] // ACM Conference on Computer Supported Cooperative Work. ACM, 1994: 175-186.

相应的行为数据，而导致的冷启动问题①。

协同过滤是基于用户对商品的评分，从用户和商品两个维度，构建的用户—商品评分矩阵，是进行相似度计算、实现协同过滤的基础。而随着互联网的发展，网络用户的数量越来越多，而商品数量更是呈几何级数增长。这导致用户—商品评分矩阵维度越来越高，而其中用户真正购买并评分的商品占比非常小，导致高维矩阵中有实际数据的项非常少，研究表明，在用户—商品评分矩阵中，超过九成的评分元素为空。而元素的极度稀缺会导致矩阵计算的空耗率过高，消耗时间复杂度，而同时，数据的稀缺也会降低推荐的准确度。这就是协同过滤的数据稀疏性问题。为了解决此问题，Sarwar 认为协同过滤应考虑两个维度，即除了对用户协同之外，还应对商品协同，即在对用户相似度进行计算的基础上，对商品相似度进行比较，以降低数据稀疏所带来的危害②。同时表明，相比于每一个用户都是独立的个体，用户之间具有个性化的差异，商品由于类别的约束，具有相对稳定的相似性，因此，将商品纳入协同过滤的范畴，对于推荐质量的提高具有积极的作用。

除了数据稀疏性问题之外，随着电子商务的快速发展，不断有新的商品加入系统，协同过滤还有冷启动问题和扩展性问题。冷启动问题是指由于新商品的加入，用户还没对其产生购买和评价行为，因此无法判断用户对其的喜好，导致推荐系统无法对其产生推荐，致使这些商品一直处于"冷"的状态。扩展性问题是指由于新商品无法启动，因此在新商品数量较大时，推荐系统无法实现扩展。有学者认为推荐系统的扩展性问题可以通过从离线到在线的方式来解决，通过构建离线的兴趣模型，将其应用于在线环境，实现对用户偏好的预测③。奇异值分解

---

① 李涛，王建东，叶飞跃，等. 一种基于用户聚类的协同过滤推荐算法［J］. 系统工程与电子技术，2007，29（7）：1178 – 1182.

② SARWAR B, KARYPIS G, KONSTAN J, et al. Item-based collaborative filtering recommendation algorithms［C］// International Conference on World Wide Web. ACM, 2001：285 – 295.

③ WANG J, VRIES A P D, REINDERS M J T. Unifying user-based and item-based collaborative filtering approaches by similarity fusion［C］// International ACM SIGIR Conference on Research and Development in Information Retrieval. ACM, 2006：501 – 508.

是解决扩展性问题的重要方法，利用因子分解技术挖掘用户商品评分中的潜在关联[①]；除此之外，贝叶斯网络也是改进协同过滤的重要手段，在过滤之前利用语义分析提高推荐的准确率[②]。上述方案对于协同过滤的扩展性问题起到了一定的缓解作用，同时在系统的稳定性和实时性方面都有较好的结果。

除了协同过滤以外，基于内容的推荐为推荐系统提供了另外一种思路。该方法不同于协同过滤以相似用户的兴趣为原则，而是以用户的历史行为作为分析的对象，从中挖掘用户的偏好，并以此作为商品与用户匹配的依据[③]。基于内容的推荐主要是对用户和商品信息进行挖掘和匹配，而信息技术的发展使文本挖掘越来越成熟，基于内容的推荐方面的研究也取得了长足的进展。基于内容的推荐，这里的内容主要是商品内容，即商品特征，因此首要解决的是商品特征描述的问题，现有的方案主要可以通过词袋、向量空间等来实现对商品的描述[④]。

基于内容的推荐是在离线状态下构建稳定的用户模型，因此不存在扩展性问题；另外基于内容的推荐，是基于商品特征来构建用户兴趣，因此不存在商品的冷启动问题。所以，该方法在一定程度上弥补了协同过滤的不足，但是它本身仍然存在不少缺陷，主要表现在：一方面是商品的特征构造问题，如果通过手工构造，则需要耗费大量的人力物力，如果通过自动获取，那么对于一些非文本信息又无法处理，导致推荐效果大打折扣；另一方面，缺乏很好的对商品特征的语义处理技术，导致特征模型的构建不能准确表达商品。

除上述两种方法以外，还有一种基于知识的推荐算法。基于知识的推荐是将用户与商品之间的匹配规则通过知识来表示，然后通过知识的推理和演化来实现

---

① BA Q, LI X, BAI Z. Clustering collaborative filtering recommendation system based on SVD algorithm [C] // IEEE International Conference on Software Engineering and Service Science. IEEE, 2013: 963 - 967.

② 王爱国, 李廉, 杨静, 等. 一种基于 Bayesian 网络的网页推荐算法 [J]. 山东大学学报 (工学版), 2011, 41 (4): 137 - 142.

③ LOPS P, GEMMIS M D, SEMERARO G. Content-based recommender systems: state of the art and trends [M] // Recommender Systems Handbook. Springer US, 2011: 73 - 105.

④ ROBERTSON S. Understanding inverse document frequency: on theoretical arguments for IDF [J]. Journal of Documentation, 2004, 60 (5): 503 - 520.

推荐。根据知识的表示形式不同，可以分为基于约束①和基于实例②的推荐，不同的算法对知识的表示不同，但都是通过用户交互来获取用户需求。

前面的三种算法，各有优缺点，于是有学者试图将三种方法进行混合来实现不同方法的扬长避短，提高推荐算法的效率，称为混合推荐。根据混合策略的不同，可细分如下③：

前期混合，是方法层的混合，将混合的操作集成到推荐方法中，具体而言有三种方式：一是对不同推荐算法进行分层操作，利用一种算法实现推荐，产生的推荐列表当作初始值，输入到另一个算法，二次输出的结果作为最终的推荐结果；二是将一种算法作为参数纳入另一种算法的框架中；三是多种算法在计算参数上互相补充，弥补其参数的缺陷。

后期混合不同于前期混合，混合的操作出现在每种算法实施之后，即混合的对象是每种算法独立实施的推荐结果。不同算法的推荐方式不同，导致生成不同的推荐列表，由于每种算法的推荐准确率都不够完美，推荐列表中的数据不一定能满足用户需求，因此借助一定的方法，将不同算法的推荐结果进行重新整合并形成新的推荐列表。

0.2.4 国内外研究述评

在电子商务推荐研究的文献中，用户和商品是两个重要维度。但是相对来说，从用户的角度来研究推荐算法的较多，从商品尤其是商品细粒度特征进行研究的较少。在用户模型的基础上，考虑用户对商品属性特征的偏好以完成推荐的较少。协同过滤因其有效性和实现的可行性上的优势，仍然是主流算法，但是弊端也明显，混合过滤成为解决其数据稀疏、冷启动的重要手段，但是如何混合，还有待进一步研究。

---

① ZANKER M, JESSENITSCHNIG M, SCHMID W. Preference reasoning with soft constraints in constraint-based recommender systems [J]. Constraints, 2010, 15 (4): 574-595.

② D B, M G, L M, et al. Case-based recommender systems [J]. Knowledge Engineering Review, 2005, 20 (3): 315-320.

③ BURKE R. Hybrid Recommender Systems: Survey and Experiments [J]. User Modeling and User-Adapted Interaction, 2002, 12 (4): 331-370.

(1) 在用户需求建模上已取得了一定的成就，但是对于社交网络的挖掘还不够深入

用户的历史行为和评分数据从某种程度上能反映用户的兴趣和偏好，现有的推荐往往是基于此来进行数据挖掘和分析，向用户推荐其可能感兴趣的商品。随着社会化媒体越来越深入网民的生活，研究表明，用户会对其信任的人的推荐感兴趣，而这些推荐的商品可能并不是他感兴趣的，因此，通过社交网络能够挖掘用户潜在需求，解决现有推荐存在的数据稀疏和过专门化问题，提高用户对推荐的惊喜性感知。目前为止，这方面的研究还不够深入。

(2) 现有的研究从推荐的视角对商品特征的挖掘不够

现有基于内容的推荐是对商品特征属性进行挖掘和分析，但往往是对用户—评分矩阵中的商品特征进行分析，以为用户的偏好挖掘做准备。很少有人从推荐的视角，专门构建商品特征属性模型。商品特征属性模型的构建一方面可以了解商品属性层次的特征，另一方面可以为挖掘属性层面的用户需求提供依据，提高商品推荐的准确性。

(3) 如何高效混合推荐还有待进一步研究

现有的混合推荐或者对多种推荐结果分类陈列，或者对不同结果通过权重进行混合，可以从一定程度上弥补单一推荐算法的不足，混合哪些算法、如何混合对最终推荐质量的提高有着至关重要的作用，现有的研究对此还缺乏系统的研究。

0.3 研究目标、内容、方法、重难点与创新点

0.3.1 研究目标

通过分析在新的电子商务环境下，电子商务的主要特征及运作模式，探讨了电子商务中影响用户需求的主要因素，提出了基于三层知识融合模式下的推荐框架。从用户维度、商品维度以及技术维度探讨融合体系，构建三层知识融合框架下的推荐模型。

0.3.2 研究内容

本书共八章，具体内容如下，框架结构见图0-1。

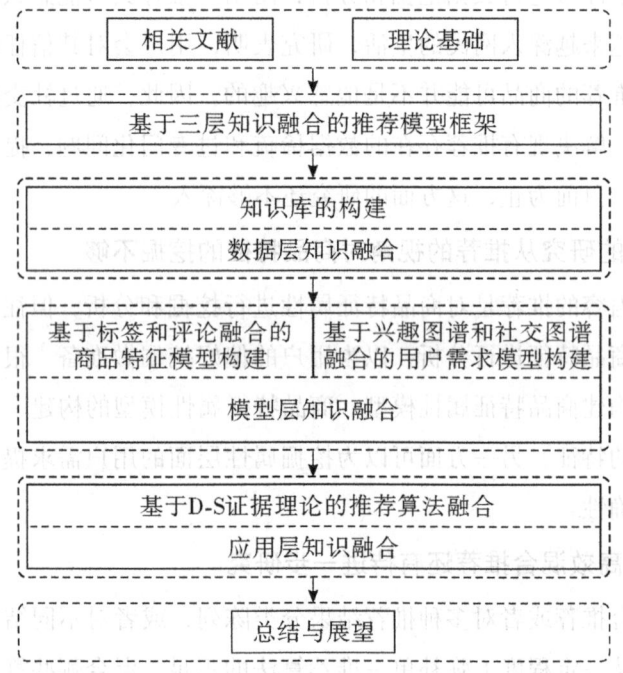

图0-1 本书框架结构

(1) 引言

本章论述了本书选题的背景、理论意义以及实践意义，从用户需求建模、商品特征建模以及推荐技术研究三个方面展开国内外研究现状的论述。确定了本书的研究目标和研究范围；明确了研究的方法与工具；阐述了本书的重难点以及创新之处，为后续研究的开展确定指导性方向。

(2) 相关理论与方法

本章从知识融合理论和电子商务推荐两个方面，系统地分析了与本书研究目标和研究内容相关的理论基础。首先，对知识融合的相关理论进行介绍，包括知识融合的概念界定、融合框架、常用的融合算法以及知识融合的应用等；其次，对电子商务的相关技术进行介绍，主要从推荐方法的角度，将电子商务推荐分为基于内容的推荐、基于协同过滤的推荐和基于知识的推荐，阐述了相应方法的特点和存在的问题，并进行比较，为本书基于三层知识融合推荐算法的提出奠定基础。

(3) 基于三层知识融合的推荐模型框架

知识融合的目的是解决异构源的问题，并生成新知识，实现优质的知识服务。基于知识融合的三层框架体系，构建电子商务推荐的三层知识融合框架模型，包括基于数据层的知识融合以构建推荐知识库，基于模型层的知识融合以构建用户需求模型和商品特征模型，基于方法层的知识融合以形成高质量的方法体系。

(4) 基于数据层知识融合的电子商务推荐知识库构建

电子商务的推荐是从用户、商品两个维度展开的，大数据环境为这两个维度提供了大量的数据，但这些数据来源复杂，结构多样。数据层知识融合，就是从中提取有价值的信息，转化成初步的知识，并通过统一的模式对这些知识进行组织融合，形成电子商务推荐知识库，为推荐算法提供知识基础。

(5) 基于标签和评论融合的商品特征模型构建

真正影响用户购买意愿的，往往并不是商品本身，而是商品的某些特征属性。获取影响用户购买意愿的特征属性，构建商品特征模型，对于挖掘用户真正需求，帮助其制定购买决策具有重要意义。本书结合社会化媒体中的标签和电商网站中的评论数据，通过数据挖掘方法和本体技术构建商品本体，实现商品特征建模。

(6) 基于兴趣图谱和社交图谱融合的用户需求模型构建

在有限的用户评分矩阵基础上构建用户兴趣图谱，通过自学兴趣图谱，对未知兴趣进行预测，解决数据稀疏性问题，同时结合社会化媒体中的信任关系，根据用户往往更倾向于购买其信任用户的推荐商品的原则，在兴趣图谱中引入信任关系，构建用户需求模型。

(7) 基于D-S证据理论的推荐算法融合

在商品特征模型和用户需求模型的基础上，利用价值叠加算法、神经网络算法以及协同过滤算法分别实现推荐，并利用 D-S 证据理论对三种推荐算法进行融合。结果表明，融合之后的算法在推荐的准确率上有了较大提高。

（8）总结与展望

总结全书，探讨不足，展望未来。通过对电子商务推荐模型研究的内容进行总结，本书探讨了研究中由于客观或主观原因导致的不足之处，并对未来本领域可做的持续性研究进行了展望。

0.3.3 研究方法与工具

本书基于研究目标与研究范围，注重信息科学、系统科学、知识科学、计算机科学以及管理学等学科理论与方法的结合，并采用科学的、可行的研究方法，以突破重点和难点问题。本书主要的研究方法包括以下四种。

（1）文献调研方法

检索电子商务推荐领域的相关文献，分别从区域的横轴和时间的纵轴上分析本领域研究的脉络和存在的问题，挖掘研究的角度，通过对相关信息的检索，了解本领域在理论和应用不同层面的动向和成果，为本研究的展开打下坚实的基础。

（2）比较分析方法

本研究将运用比较分析方法，研究目前主流的电子商务推荐技术及方法，尤其是比较不同方法的优缺点，从而查找漏洞，构建本书的研究框架。

（3）系统分析和建模方法

本研究将采用系统分析方法对电子商务推荐中的两个重要维度进行综合分析，从而找出问题的可行解决方案。同时，采用多种方法和手段，从多学科领域、多角度、多层次进行相关技术的融合和应用，构建基于三层知识融合的电子商务推荐的整体框架模型。在此基础上再进行细化，构建用户需求获取、商品特征建模，以及多种推荐算法融合的具体方法模型。

（4）实验验证方法

在本书的推荐模型提出后，利用开放数据集对提出的模型和改进方法进行验证，证明其可行性和优越性。

0.3.4 研究重难点

本书研究的重点在于：①构建用户需求模型用于个性化推荐，只有准确掌握用户需求，才能实现用户的精准推荐。从多源环境中追寻用户行为轨迹，探索用户兴趣，获取多源异构的用户知识，并进行融合。②对用户需求知识和商品知识进行融合并形成推荐，融合方法有多种，各有长短，本书对多种方法进行再次融合生成准确率更高的推荐列表。

本书研究的难点在于：①在海量数据和数据稀疏这对矛盾统一体存在的前提下，获取有效的信息并通过一定的方法演绎来对用户需求进行预测，这是推荐的重要前提。②细粒度探索用户偏好，对于提高推荐质量具有重要意义，但是在商品丰富、数据海量的环境中，实现商品属性的自动挖掘是另一个难点。

0.3.5 研究创新之处

（1）构建了基于三层知识融合的电子商务推荐模型

本书将"电子商务推荐"定义为商品知识和用户知识的融合过程。基于三层知识融合理论，数据层是由用户知识和商品知识构成的推荐知识库；模型层分别对用户知识和商品知识进行融合，构建用户需求模型和商品特征模型，形成用户需求知识和商品特征属性知识；应用层通过对用户需求知识和商品特征知识进行融合，形成推荐列表。

（2）构建了基于兴趣图谱和社交图谱融合的用户需求模型

在三层知识融合框架下以及模型层知识融合中，构建了基于用户兴趣图谱和社交图谱融合的用户需求模型。用户购买商品，一方面是基于商品特征和自身的兴趣，另一方面则是基于信任朋友的推荐，本书首先利用有限的用户评分构建了初始用户兴趣网络，然后利用自学习算法，挖掘用户的未知兴趣，并结合用户社交图谱中的信任关系，实现了用户兴趣的扩展，解决了传统推荐算法中的数据稀疏问题和冷启动问题。

(3) 构建了基于多种推荐算法融合的推荐方法体系

在三层知识融合框架下以及应用层知识融合中，构建了基于多种推荐算法融合的推荐方法体系。在用户需求模型和商品特征模型的基础上，构建了基于价值叠加算法、神经网络算法和协同过滤算法融合的推荐方法体系，并利用 D-S 证据理论对三种方法进行融合，提高了推荐的准确度。

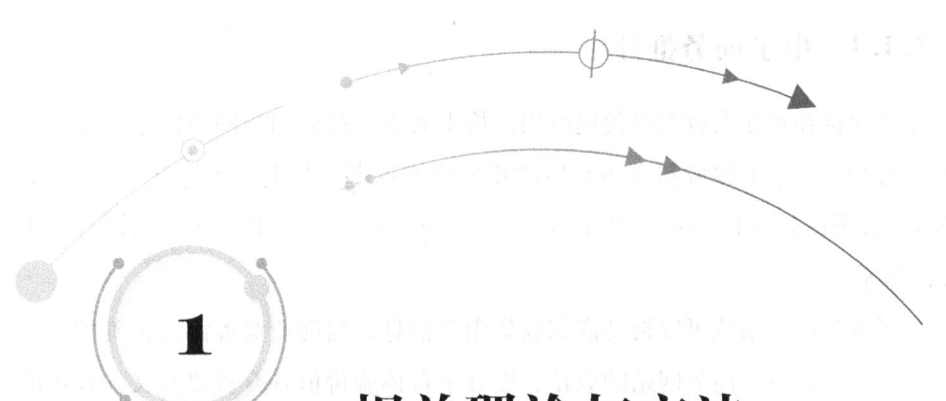

1 相关理论与方法

1.1 电子商务推荐原理及相关技术

1.1.1 电子商务推荐

个性化推荐是在大数据时代提高用户检索效率、提升用户网络信息服务体验的重要途径,是学术领域和应用领域的重要研究课题,如电影推荐(Netflix、豆瓣等)、音乐推荐(Pandora、虾米音乐等)、电子商务商品推荐(亚马逊、淘宝等),等等。

电子商务推荐系统可以帮助商家收集用户信息,辅助消费者做出正确的购买决定,对于提高电子商务网站的效益、提升平台体验价值具有重要意义。理想的电子商务推荐系统,应该针对不同的消费者提供差异化的推荐服务。对于再次购买的用户,推荐系统提供"订阅和保存"服务;对于对商品品牌体验要求较高的用户,推荐系统通过协同过滤为其提供符合其品牌满意度需求的商品;对于追求新颖性的用户,推荐系统帮助其节省时间和精力来找到所需商品。总而言之,电子商务推荐系统的主要目标在于提升用户对电商平台使用的满意度,以及对电商网站的忠诚度。

电子商务推荐的基本原理是根据用户信息、商品信息,运用适当的推荐方法,将合适的商品推荐给用户。其工作原理如图1-1所示。

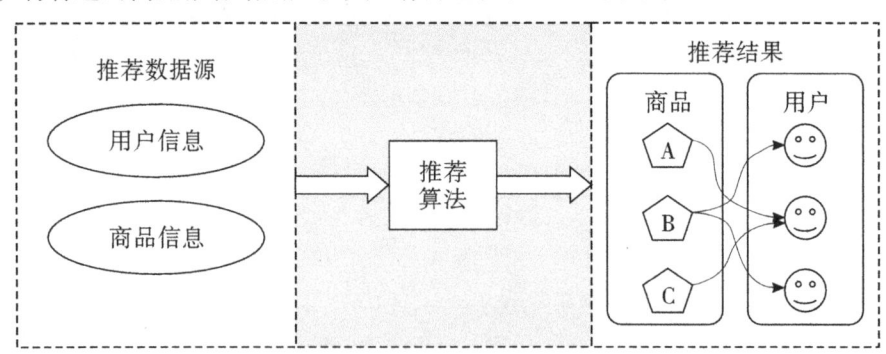

图1-1 电子商务推荐原理

图1-1中，推荐数据源是推荐系统的输入数据，其中用户信息指通过网络，包括电商平台或社交网站等，所能获取的所有用户相关信息；商品信息指通过商品手册或网络等获取的商品描述元信息。通过推荐算法建立用户和商品之间的关联，从而将用户可能购买的商品推荐给用户。

根据推荐算法的不同原理，目前主要的推荐方法包括基于内容的推荐、基于协同过滤的推荐，以及基于知识的推荐。

1.1.2 基于内容的推荐

个性化推荐早期，学者根据被推荐项目特征，基于用户的历史行为，挖掘其行为对商品的偏好特征，构建用户在商品特征方面的偏好模型，以此来实现推荐，称之为基于内容的推荐。其推荐原理是通过信息匹配技术，从信息内容的角度，实现用户和项目之间的匹配关联，主要通过用户历史数据来挖掘其兴趣，并通过计算与项目的特征匹配度来实现推荐。其原理如图1-2所示。该推荐技术关键在于项目信息的获取与过滤，相对来说更适用于应用文本类的推荐，比如新闻或电子书籍①。

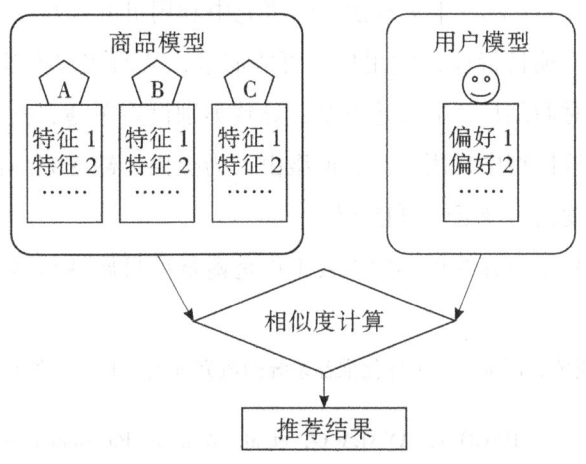

图1-2 基于内容的推荐原理

---

① MOONEY R J, ROY L. Content-based book recommending using learning for text categorization [C] // ACM Conference on Digital Libraries. ACM, 1999: 195-204.

基于内容的推荐系统实现主要依赖两个关键因素的获取：一是用户偏好，二是项目特征。因此，对用户模型和项目模型的构建及表示就成为基于内容推荐的关键。现有的研究中，比较常用的模型有关键词模型和向量空间模型等矢量模型。在基于内容过滤的推荐系统中，通过用户对项目的评分矩阵来描述用户偏好，通常被定义为公式1.1[①]：

$$R_{(u,i)} = \text{Score}[\text{UserProfile}(u), \text{Contents}(i)] \tag{1.1}$$

公式1.1中，$\text{UserProfile}(u)$ 表示用户偏好模型，特征向量 $\overline{f}_u = (w_{u_1}, w_{u_2}, \cdots, w_{u_n})$。$\text{Contents}(i)$ 表示项目特征模型，向量 $\overline{f}_i = (w_{i_1}, w_{i_2}, \cdots, w_{i_n})$。然后通过余弦相似度等启发式方法来计算用户兴趣与项目内容的匹配程度[②]，如公式1.2所示。

$$R_{(u,i)} = \cos(\overline{f}_u, \overline{f}_i) = \frac{\overline{f}_u \cdot \overline{f}_i}{\|\overline{f}_u\| \times \|\overline{f}_i\|} = \frac{\sum_{j=1}^{n} w_{u_j} w_{i_j}}{\sqrt{\sum_{j=1}^{n} w_{u_j}^2} \sqrt{\sum_{j=1}^{n} w_{i_j}^2}} \tag{1.2}$$

对基于内容的推荐而言，对信息的处理和过滤是关键，也是决定推荐质量的重要因素，常用的方法有通过聚类获取商品特征、通过神经网络来实现对商品特征的机器学习等。Ves在对非文本推荐的研究中利用贝叶斯模型，首先对项目进行分类，之后借助项目特征预测用户的可能需求，从而实现推荐[②]。但是，在该研究中，数据源对商品特征的表达不全，导致类别设置单薄，推荐的准确性存在不足。另外，在该模型中，用户兴趣模型由人为提供，缺乏兴趣的扩展性，导致最终的结果重复度高，缺乏惊喜性[③][④]。

总而言之，基于内容的推荐的主要工作是衡量项目属性与客户需求间的匹配

---

① 刘建国，周涛，汪秉宏. 个性化推荐系统的研究进展 [J]. 自然科学进展，2009，19 (1)：1－15.

② DE VES E, DOMINGO J, AYALA G, et al. A novel Bayesian framework for relevance feedback in image content-based retrieval systems [J]. Pattern Recognition, 2006, 39 (9): 1622 – 1632.

③ KANT V, BHARADWAJ K K. Enhancing recommendation quality of content-based filtering through collaborative predictions and fuzzy similarity measures [J]. Procedia Engineering, 2012, 38: 939 – 944.

④ 崔超然，马军. 一种结合相关性和多样性的图像标签推荐方法 [J]. 计算机学报，2013，36（3）：654－663.

性，因此，不存在新项目的冷启动问题。但是对于新用户则不然，因为用户偏好往往基于电商网站的用户行为轨迹，而新用户无轨迹，导致无法构建其偏好模型，造成新用户的冷启动。同时，基于内容的推荐的基础是用户和项目特征信息的抽取，而对于非文本类项目，在其特征抽取方面还存在局限，也限制了推荐效率的提升。

1.1.3 基于协同过滤的推荐

协同过滤推荐算法简单易行，是目前比较流行的推荐算法[1]。协同过滤推荐是在以下假定的前提下构建的：如果用户 A 和用户 B 有共同的偏好 C，那么用户 A 在偏好 C 以外的偏好 D 也可能被用户 B 喜欢。协同过滤与内容过滤最大的不同在于，后者从用户自身出发，考虑的是自身需求与商品特征的匹配，而协同过滤是以用户之间或商品之间的关系为着眼点，强调相互之间的相似性，从而实现推荐。此外，协同过滤的推荐不是一次性的，而是所有用户在一定时间内与推荐系统共同作用的结果，使推荐系统逐渐与用户真实需求相匹配。算法通过用户对已有购买记录的项目评分，来对用户对其他项目的可能评分进行预测，实现协同过滤推荐。其主要步骤如下[2]：

①计算相似性；

②寻找最近"邻居"，预测评分；

③排序，推荐。

从过滤主体的角度出发，又可以将协同过滤分为面向用户和面向项目两种方法。以用户为基础的协同过滤，主要以用户为源数据点，计算用户相似性，选取最近"邻居"的偏好项目进行推荐；同理，以项目为基础的协同过滤，主要以项目为源数据点，对项目进行相似度计算，根据计算结果选取与目标用户偏好相似性最大的项目进行推荐。两种协同过滤技术的相似性度量，都是以用户—项目评分矩阵为依据，但是在计算相似性的项目选取上有差别，如表 1-1 所示，其中

---

[1] SHAMBOUR Q, LU J. A trust-semantic fusion-based recommendation approach for e-business applications [J]. Decision Support Systems, 2012, 54 (1): 768-780.

[2] PARK D H, KIM H K, CHOI I Y, et al. A literature review and classification of recommender systems research [J]. Expert Systems with Applications, 2012, 39 (11): 10059-10072.

$r_{m,n}$ 表示用户 m 对项目 n 的评分。基于项目的协同过滤选取用户—项目评分矩阵中的行来计算项目的相似性,而基于用户的协同过滤则选取用户—项目评分矩阵中的列来计算用户的相似性。

表1-1 协同过滤中的用户—项目评分矩阵

用户	项目				
	项目1	项目2	项目3	…	项目 n
用户1	$r_{1,1}$	$r_{1,2}$	$r_{1,3}$	…	$r_{1,n}$
用户2	$r_{2,1}$	$r_{2,2}$	$r_{2,3}$	…	$r_{2,n}$
用户3	$r_{3,1}$	$r_{3,2}$	$r_{3,3}$	…	$r_{3,n}$
…	…	…	…	…	…
用户 m	$r_{m,1}$	$r_{m,2}$	$r_{m,3}$	…	$r_{m,n}$

(1) 基于项目的协同过滤

基于项目的协同过滤推荐的依据是项目的相似度,而项目相似度的衡量并不是根据项目内容来计算,而是通过用户行为来进行分析。两个项目属于同一类别并不能断定其具有相似性,而如果某两个项目同时出现在许多用户的购物历史中,就说明两个项目同时被喜欢的概率较大,则认为其具有相似性。由此,基于项目的协同过滤,对目标用户已经购买过的商品进行相似性度量,并将与其具有相似度的商品推荐给该目标用户。

现有的研究对相似度计算已经有了很多的成果,比如余弦相似度和 Person 相似度。如果存在评分数据 $r_{u,i}$ 记录的是用户 u 对商品 i 的评价,且 $U_{ij} = U_i \cap U_j$,表示同时对商品 i 和商品 j 有过购买和评分行为的用户,商品 $\overline{r_i}$ 和 $\overline{r_j}$ 分别表示对项目 i 和项目 j 进行过评分的所有用户的平均分值。那么,利用 Pearson 相似度[①]计算项目 i 和项目 j 的公式为公式 1.3。

---

① SARWAR B, KARYPIS G, KONSTAN J, et al. Item-based collaborative filtering recommendation algorithms [C] // International Conference on World Wide Web. ACM, 2001: 285 - 295.

$$\text{Sim}(i,j) = \frac{\sum_{u \in U_{ij}} (r_{u,i} - \overline{r_i})(r_{u,j} - \overline{r_j})}{\sqrt{\sum_{u \in U_{ij}} (r_{u,i} - \overline{r_i})^2 \sum_{u \in U_{ij}} (r_{u,j} - \overline{r_j})^2}} \tag{1.3}$$

另外,如果商品数量为 n,且用户 u 对项目 i 和项目 j 的评分用向量 $\boldsymbol{i}$ 和向量 $\boldsymbol{j}$ 来表示,那么利用余弦相似性来度量 i 和 j 之间的相似度则通过公式 1.4 来表示。

$$\text{Sim}(i,j) = \cos(\boldsymbol{i},\boldsymbol{j}) = \frac{\boldsymbol{i} \cdot \boldsymbol{j}}{\|\boldsymbol{i}\| \times \|\boldsymbol{j}\|} = \frac{\sum_{u \in U_{ij}} r_{u,i} r_{u,j}}{\sqrt{\sum_{u \in U_{ij}} r_{u,i}^2 \sum_{u \in U_{ij}} r_{u,j}^2}} \tag{1.4}$$

通过相似性度量可以获取目标项目的相似项目集,并以此来预测用户对其他项目的评分。假设项目 t 为目标用户 u 未评分项目,$\overline{r_t}$ 是所有用户对项目 t 的平均评分值,通过相似性度量获得 t 的相似项目集为 S_t,那么就可以通过 S_t 中被 u 评分过的项目来预测 u 对 t 的评分 $r_{u,t}$,如公式 1.5 所示。

$$r_{u,t} = \overline{r_t} + \frac{\sum_{i \in S_t} \text{Sim}(t,i)(r_{u,i} - \overline{r_i})}{\sum_{i \in S_t} |\text{Sim}(t,i)|} \tag{1.5}$$

(2) 基于用户的协同过滤

基于用户与基于项目的思考角度不同,但思路一致,前者以用户为视角,后者以商品为视角,但是都以相似度计算为基础。通过对用户相似度进行计算,构建相似用户集,将相似集中用户喜欢的商品推荐给目标用户[①]。用户相似度计算以用户评分数据为依据,通过不同用户间的共同评分项目来衡量用户间的相似性。假设用户 u 和用户 v 同时评价过的项目集 $S_{uv} = S_u \cap S_v$,$\overline{r_u}$ 和 $\overline{r_v}$ 分别表示用户 u 和用户 v 对同时评价项目集中项目评分的平均值,那么与基于项目的协同过滤类似,用户 u 和用户 v 的 Pearson 相似度可以用公式 1.6 表示。

$$\text{Sim}(u,v) = \frac{\sum_{i \in S_{uv}} (r_{u,i} - \overline{r_u})(r_{v,i} - \overline{r_v})}{\sqrt{\sum_{i \in S_{uv}} (r_{u,i} - \overline{r_u})^2 \sum_{i \in S_{uv}} (r_{v,j} - \overline{r_v})^2}} \tag{1.6}$$

---

① LEE S K, CHO Y H, KIM S H. Collaborative filtering with ordinal scale-based implicit ratings for mobile music recommendations [J]. Information Sciences, 2010, 180 (11): 2142-2155.

另外,假设用户 u 和用户 v 在 n 维项目空间对项目 i 的评分用向量 $\boldsymbol{u}$ 和向量 $\boldsymbol{v}$ 来表示,那么利用余弦相似性来度量 u 和 v 之间的相似度则通过公式 1.7 来表示。

$$\mathrm{Sim}(u,v) = \cos(\boldsymbol{u},\boldsymbol{v}) = \frac{\boldsymbol{u} \cdot \boldsymbol{v}}{\|\boldsymbol{u}\| \times \|\boldsymbol{v}\|} = \frac{\sum_{i \in S_{uv}} r_{u,i} r_{v,i}}{\sqrt{\sum_{i \in S_{uv}} r_{u,i}^2 \sum_{i \in S_{uv}} r_{v,i}^2}} \quad (1.7)$$

通过相似性度量可以获取目标用户的相似用户集,并以此作为目标用户对未评分项目的评分依据。假设项目 t 为目标用户 u 未评分项目,$\overline{r_u}$ 是所有用户 u 对所有项目的平均评分值,通过相似性度量获得 u 的相似用户集为 U_t,那么就可以通过 U_t 中对项目 t 评分过的用户评分来预测 u 对 t 的评分 $r_{u,t}$,如公式 1.8 所示。

$$r_{u,t} = \overline{r_u} + \frac{\sum_{v \in U_t} \mathrm{Sim}(u,v)(r_{v,t} - \overline{r_v})}{\sum_{v \in U_t} |\mathrm{Sim}(u,v)|} \quad (1.8)$$

因为用户不可能对所有项目都有评分记录,甚至可以说用户所评分项目是项目空间中的沧海一粟,所以,两种算法都存在评分数据的稀疏性问题,使计算最近"邻居"的准确性存在问题,最终会影响推荐效果。于是,有学者将两者相结合,先用基于项目的评分降低缺失率,再用基于用户的评分进行相似度计算,最终两者结合形成推荐,或者调换两种方法的顺序[1]。如 Gong 则正好相反,先用基于用户的评分降低缺失率,再用基于项目的评分计算相似性[2]。这种将两种协同过滤结合的方法在一定程度上解决了用户共同评分数据量较少的问题,提高了推荐效率。

此外,为了弥补协同过滤中的数据稀疏性问题,很多学者往往引入其他信息来搜索最近"邻居"。Li[3] 在用户评分的基础上,增加了用户偏好、用户信任和社会关系三个属性来计算用户相似性,Kaleli 则引入熵的概念,用不同分值来研

---

[1] 邓爱林,朱扬勇,施伯乐. 基于项目评分预测的协同过滤推荐算法 [J]. 软件学报,2003,14 (9):1621-1628.

[2] GONG S J. Employing user attribute and item attribute to enhance the collaborative filtering recommendation [J]. Journal of Software,2009,4 (8).

[3] LI Y M, WU C T, LAI C Y. A social recommender mechanism for e-commerce: Combining similarity, trust, and relationship [J]. Decision Support Systems,2013,55 (3):740-752.

究相似性①。将矩阵分解应用于推荐，可降低最近"邻居"计算的复杂度，提升推荐效果②。

基于协同过滤的推荐通过最近"邻居"的搜索，从而实现向相似用户推荐相似项目的目的。但是，用户只对自身感兴趣的项目评分，而用户感兴趣的类别有限，往往只集中于某几个固定的类别，这就使基于历史行为数据的推荐不能发掘用户潜在需求，具有很高的趋同性，缺乏创新。

1.1.4 基于知识的推荐

前两种推荐方法在推荐研究领域一直受到学者们的关注，在电商等应用领域也得到了很好的推广，但是这两种技术的缺陷也极大地限制了推荐质量的提升。冷启动和推荐的过度专门化，可能导致推荐的商品不被用户接受，或者向用户反复推荐其购买过的商品，从而使用户对推荐系统失去信任，甚至排斥使用，最终流失客户，损害企业形象。

为克服它们各自存在的缺陷，将两者结合形成的混合推荐成为首选。所谓混合推荐，有两种混合策略，一种是推荐算法的混合，另一种是多种算法推荐结果的混合，以便克服各自的缺点来提升推荐系统的性能和精确度③。推荐算法的混合一般以某一推荐算法为框架，混合其他推荐算法，比如以协同过滤为框架混合基于内容的推荐④；推荐结果的混合是通过几种不同推荐算法分别给出推荐列表，然后再利用混合策略对推荐类别进行筛选，从而获得最终的推荐列表⑤。混合推荐在一定程度上弥补了基于内容的推荐和基于协同过滤的推荐的不足，但是对用

---

① KALELI C. An entropy-based neighbor selection approach for collaborative filtering [J]. Knowledge-Based Systems, 2014, 56 (C): 273 – 280.

② 何海洋. 基于矩阵分解及其图模型的协同过滤推荐算法研究 [D]. 西安：西安电子科技大学, 2015.

③ DOOMS S, PESSEMIER T, MARTENS L. Online optimization for user-specific hybrid recommender systems [J]. Multimedia Tools and Applications, 2015, 74 (24): 11297 – 11329.

④ PARK H S, YOO J O, CHO S B. A context-aware music recommendation system using fuzzy bayesian networks with utility theory [C] //International Conference on Fuzzy Systems and Knowledge Discovery. Springer Berlin Heidelberg, 2006: 970 – 979.

⑤ KIM H N, HA I, LEE K S, et al. Collaborative user modeling for enhanced content filtering in recommender systems [J]. Decision Support Systems, 2011, 51 (4): 772 – 781.

户的潜在需求挖掘不足，仍然存在推荐缺乏新颖性的问题。

不仅要根据用户的历史评分记录进行简单计算，也要根据有用历史行为揣摩用户偏好，扩展其兴趣点，挖掘用户潜在兴趣，才能真正实现高效的推荐。这种情况下，基于知识的推荐被引入推荐领域。

知识被认为是具有关联的信息，基于知识的推荐是基于这些关联信息来进行推理，获得更多的知识，从而提高推荐效率。基于知识的推荐中知识是前提，指根据人们在生活或专业方面的经验所提炼出的知识。因此，基于知识的推荐往往不存在数据稀疏性和冷启动问题，同时通过知识的关联和推理，可以进一步挖掘用户的潜在需求，从而提升推荐系统的精确性和新颖性[①]。

基于知识的推荐，推荐的基础是推理，根据推理的依据不同，可以将其分为三类：基于知识挖掘的推荐、基于案例推理的推荐以及基于知识推理的推荐。基于知识挖掘的推荐仍然以传统推荐技术为主要框架，通过引入数据挖掘技术来发现历史信息中隐含的知识，并运用发现的知识来协助构建用户概要模型，从而提升推荐质量。基于案例推理的推荐通过系统中的用户互动逐步引导用户明确自己的需求，并通过案例推理技术对案例进行分析和过滤，从而产生推荐，并接受用户对推荐结果的反馈，及时对系统进行修正，即为"Find Me"的推荐系统[②]。卓广平等从用户搜索经验的个性化入手，在用户建模、案例推理的基础上，提出了一种新的推荐算法，并将其应用于专家推荐系统，结果取得了较好的推荐效果[③]。基于知识推理的推荐与基于 CBR 的推荐不同，这里的知识包括用户知识、商品知识等，通过统一的知识建模来描述所有知识，并构建用户概要模型和商品特征模型，然后通过知识推理技术，确定用户和商品之间的匹配关系，将匹配度最高的商品推荐给用户。

为了实现知识的共享和重用，本体技术被引入语义 web 领域，且获得了极大

---

① CHEN R C, HUANG Y H, BAU C T, et al. A recommendation system based on domain ontology and SWRL for anti-diabetic drugs selection [J]. Expert Systems with Applications, 2012, 39 (4): 3995 - 4006.

② BURKE R D, HAMMOND K J, YOUND B C. The FindMe approach to assisted browsing [J]. IEEE Expert, 1997, 12 (4): 32 - 40.

③ 卓广平, 孙静宇, 李鲜花, 等. 一种基于 CBR 的个性化推荐算法 [J]. 广西师范大学学报（自然科学版）, 2011, 29 (3): 151 - 156.

的应用成果。大数据环境为电子商务推荐提供了大量的数据源,为推荐提供了依据,但是这些数据良莠不齐、多源异构、表达复杂。如何获取数据的语义,从而发现新知识是电子商务推荐的当务之急。语义理解实现了计算机直接处理文本的功能,语义本体技术也成为电子商务领域研究的重要技术。在基于知识的推荐中,语义本体被广泛应用于领域知识、用户概要知识以及商品知识的描述。

Middleton 通过 QuickSetup 和 Foxtrot 对用户行为进行监测并回收用户反馈,通过文献主题本体来构建用户概要模型,并实现了学术文献的推荐[1]。Hyvönen 利用语义丰富的本体来实现基于视图的搜索和对数据源进行标注,利用规则从底层知识库中发现与用户搜索最匹配的图像,从而实现图像推荐[2]。Hatala 等研究了博物馆中的音频推荐,通过抽象语义层来对情境、项目和用户进行关联,研发了基于情境感知自适应的 echo 系统,系统中对用户、项目和情境进行语义本体标注,构建了用户和项目的特征模型,并利用规则推理对音频项目、博物馆情境以及用户模型进行匹配,实现推荐[3]。Chen 主要研究了医药推荐,他利用医疗领域本体,结合症状知识库中的规则,针对不同症状的病患,提供最合适的药品推荐[4]。冯在文将情境引入推荐,利用本体技术构建了用户情境本体和 web 服务情境本体,然后基于领域知识规则,向用户推荐适合其情境的服务[5]。Clemente 将本体模型引入课程学习领域,通过构建课程本体模型,实现课程的智能推荐,辅助学生进行选课决策[6]。

基于知识的推荐借助领域知识构建知识库和推理规则,并不完全依赖于用户

---

[1] MIDDLETON S E, SHADBOLT N R, ROURE D C D. Ontological user profiling in recommender systems [J]. Acm Transactions on Information Systems, 2004, 22 (1): 54 – 88.

[2] HYVÖNEN E, SAARELA S, VILJANEN K. Application of ontology techniques to viewbased semantic search and browsing [J]. 2004, 3053 (2): 92 – 106.

[3] HATALA M, WAKKARY R. Ontology-based user modeling in an augmented audio reality system for museums [J]. User Modeling and User-Adapted Interaction, 2005, 15 (3): 339 – 380.

[4] CHEN R C, HUANG Y H, BAU C T, et al. A recommendation system based on domain ontology and SWRL for anti-diabetic drugs selection [J]. Expert Systems with Applications, 2012, 39 (4): 3995 – 4006.

[5] 冯在文, 何克清, 李兵, 等. 一种基于情境推理的语义 Web 服务发现方法 [J]. 计算机学报, 2008, 31 (8): 1354 – 1363.

[6] CLEMENTE J, RAMÍREZ J, ANTONIO A D. A proposal for student modeling based on ontologies and diagnosis rules [J]. Expert Systems with Applications, 2011, 38 (7): 8066 – 8078.

评分和历史偏好,可以很好地解决冷启动和数据稀疏性问题。然而相对专业的领域知识往往只适合特定的应用领域,只能局部描述用户概要或商品特征,无法实现跨领域推荐。因此,如何通过不同领域知识的融合实现跨领域的推荐,就成为目前基于知识的推荐所要解决的首要问题。

1.1.5　几种推荐技术的比较

根据上文对基于内容的推荐、基于协同过滤的推荐以及基于知识的推荐等几种主流推荐技术的探讨,本节对上述这些技术进行对比,如表1-2所示,罗列了三种推荐方法的输入数据以及优缺点①。

表1-2　各种推荐方法的比较

推荐技术	输入数据	优点	缺点
基于内容的推荐	用户—项目评分矩阵;项目特征	推荐结果易解释;不需要领域知识;不存在新项目的冷启动	推荐结果缺乏惊喜性;存在新用户冷启动;存在数据稀疏性问题
基于协同过滤的推荐	用户—项目评分矩阵	不依赖项目内容和用户属性;推荐个性化程度高	存在新项目和新用户的冷启动;存在数据稀疏性问题;过分依赖历史评分数据
基于知识的推荐	领域知识库;推理规则	不存在冷启动;没有数据稀疏性问题;具有一定惊喜性	知识获取较难;推荐具有领域局限性

1.2　知识融合理论与方法

1.2.1　知识融合概念界定

领域的决策支持都离不开数据的分析与利用,而多维度数据的获取、深度的

---

① 余小高. 电子商务智能推荐系统研究 [M]. 武汉:湖北人民出版社,2012:45-49.

分析与融合是帮助用户制定有效决策的关键。大数据时代为多维数据的获取提供了丰富的土壤,这对于决策支持而言,不仅是机遇,更是挑战。机遇在于多源的、不同维度的知识,可以对问题的解决提供更广的视角,对解决的准确度提供更有深度的分析。而挑战在于,对于如此多源异构的知识,采用什么样的方法才能对知识的内容、层次以及可信度进行丰富和提升,从而提供更精准的知识服务。

知识融合是在数据融合、信息融合的概念上演变而来的。20世纪70年代,美国国防部在声纳信号处理系统中,首次提出了数据融合的概念,这里的数据主要是指多传感器数据,通过对这些来自不同传感器的数据进行融合,从而对环境进行判断预测[1]。20世纪90年代以来,随着信息网络技术的发展,数据融合的概念逐渐被信息融合取代[2]。信息融合与数据融合的不同在于其信息来源的渠道得到了扩展,并不仅仅局限于传感器数据,通过对多源信息进行综合的集成处理,并通过评估、推理预测等,可帮助制定更优决策[3]。从信息融合到知识融合的演变,相关研究起始于20世纪末。

数据融合最初始于军事领域,演变到知识融合后涉及的领域也被不断扩展,除了军事之外,还涵盖工业、医疗、商业等领域。知识融合的内涵,在不同的领域也存在认识上的差异:在军事、医学、工业领域,知识融合延续了数据融合、信息融合的概念,在融合的对象上一脉相承,主要是对从不同物理设备上获得的数据和信息进行融合;在管理学、计算机科学、图书情报学等学科中,则从知识科学出发,认为知识融合的对象不局限于来自物理设备的信息,而是业已形成的知识库,或者从现有的信息库中提取出来的知识,包括各种方法、专家经验等[4][5]。

---

[1] 潘震中. 数据融合的关键技术 [J]. 指挥控制与仿真, 1994 (5): 18-24.

[2] TAHANI H, KELLER J M. Information fusion in computer vision using the fuzzy integral [J]. IEEE Transactions on Systems Man & Cybernetics, 1990, 20 (3): 733-741.

[3] 赵杰,崔智社,徐明进,等. 信息融合的实质及其核心技术 [J]. 指挥控制与仿真, 2003 (8): 38-42.

[4] 周芳,韩立岩. 基于知识融合的公司失败判别方法 [J]. 财会通讯:综合(中), 2015 (3): 61-63.

[5] 邱均平,余厚强. 知识科学视角下国际知识融合研究进展与趋势 [J]. 图书情报工作, 2015, 59 (8): 126-132, 148.

知识融合的对象其实不仅是知识，还包括数据和信息。从数据到信息，再到知识是知识服务流程的体现。数据是最原始的符号，用于描述可度量的客体；而信息是在特定情境下对数据的解释，对于特定的用户，被解释后的数据才具有价值，也就是信息，而数据融合的目的即在于产生更有价值的信息。除了数据的解释之外，互联网上还充斥着大量的文本、图片等，其中也包含大量的信息，对这些结构不同的信息进行提取、融合，以产生新的信息或知识，即信息融合。综上，数据、信息和知识并非互相独立，而是互相关联的，在知识融合的过程中互相转化，数据融合、信息融合是知识融合的组成部分①。

因此，本书对知识融合的概念做如下界定：①知识融合的对象是广义的知识，而非狭义的知识，包括数据、信息、知识等；②知识融合的前提，是现有知识不足以解决新问题，因此，知识融合的结果是对现有知识进行融合处理，产生能够解决新问题的新知识；③知识融合的过程并不局限于对知识的推理融合，在整个融合流程中，当输入对象是数据或信息时，首先使用数据融合或信息融合的算法，将其转化为知识，然后再对知识进行融合，生成新知识。

1.2.2　知识融合框架

知识融合框架是对知识融合对象、流程的总体描述，主要用于明确融合对象、知识表示以及融合过程。按照对知识的不同表示，可以将知识融合的框架分为基于本体的融合框架和基于层次的融合框架。

(1) 基于本体的融合框架

本体由于其结构清晰的概念层次和可推理的特性，因此在知识的描述和表达上具有重要优势，有利于实现知识的共享和重用，成为了知识融合底层框架的主要选择。知识融合框架的构建，以知识科学为基础，结合本体技术，形成知识的本体描述，并利用本体的映射与融合，实现知识的融合。

基于本体的融合框架，学者们进行了大量研究，如表1-3所示。

---

① 刘晓娟，李广建，化柏林. 知识融合：概念辨析与界说 [J]. 图书情报工作，2016, 60 (13)：13 - 19, 32.

表 1-3 基于本体的融合框架

文献作者	融合对象	知识表示形式	融合过程
刘晓娟[1]	网页信息	本体	网页爬取—本体表示和推理—知识服务
A. Preece[2]	异构数据库和知识库	本体	异构数据源的集成—知识的转换—知识一致性检查—知识等价转换
Liu Jihong[3]	集团内部知识	本体	知识组织—本体映射—融合
徐赐军[4]	分布式知识库	本体	元知识集的构建—知识测度指标的确定—融合算法的设计—融合知识的后处理
沈旺[5]	异构数据库	本体	问题空间构建—知识抽取—知识融合—解空间构建

从表1-3可以看出，融合对象各不相同，有由数据构成的数据库，有包含信息的网页，也有由知识构成的知识库。单源知识不足以解决新问题，但是多源知识由于其复杂异构，不能直接解决问题，必须通过融合产生新知识才能解决新问题，这是融合的目的。不同的融合系统在融合的流程上略有差异，但一般框架相同，大体都是围绕着知识处理流程来展开的，如图1-3所示。

（2）基于层次的融合框架

由于知识来源复杂、层次多样，于是学者们构建了知识融合的层次框架。周芳认为知识融合可以分为三层[6]。基础知识层融合的对象是原始数据，是通过观

---

[1] 刘晓娟，李广建，化柏林. 知识融合：概念辨析与界说 [J]. 图书情报工作，2016, 60（13）：13-19, 32.

[2] PREECE A, HUI K, GRAY A, et al. Designing for scalability in a knowledge fusion system [J]. Knowledge Based Systems, 2001, 14 (3): 173-179.

[3] LIU J H, LI B. An ontology-based architecture for service-orientated design knowledge Fusion in Group corporation cloud manufacturing [C]. Proceedings of the 2012 IEEE 16th International Conference on Computer Supported Cooperative Work in Design, 2012: 811-816

[4] 徐赐军，李爱平，刘雪梅. 基于本体的知识融合框架 [J]. 计算机辅助设计与图形学学报，2010, 22（7）：1230-1236.

[5] 沈旺，李亚峰，侯昊辰. 数字参考咨询知识融合框架研究 [J]. 图书情报工作，2013 (19): 139-143.

[6] 周芳，刘玉战，韩立岩. 基于模糊集理论的知识融合方法研究 [J]. 北京理工大学学报（社会科学版），2013 (3)：010.

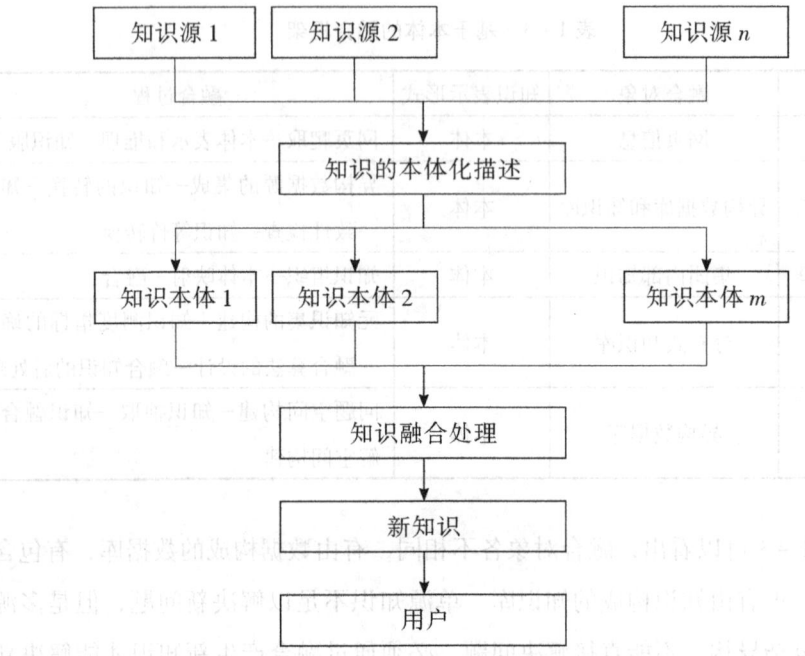

图1-3 基于本体的知识融合一般框架

察所获得的知识，融合过程主要是对原始知识进行属性判断等；方法层融合利用不同的方法对相同的知识实施多角度、多方式的理解和处理，然后对得到的多维度知识进行融合产生新知识；思想层融合是将人的思想、思维运用到知识融合的过程中，充分利用人的智慧，在基础知识层融合和方法层融合的基础上，提高融合效果，满足用户的知识需求。

Fisch对知识融合进行细分[①]，构建了基于数据层、模型层以及应用层的三层知识融合框架。Smirnov则将知识融合进一步细分为七层：简单融合、扩展融合、实例融合、参数融合、适应性融合、分面融合和历史融合，认为知识融合的过程其实是知识获取、知识表示以及融合处理的过程[②]。

---

① FISCH D, KALKOWSKI E, SICK B, et al. Knowledge fusion for probabilistic generative classifiers with data mining applications [J]. IEEE TRANSACTIONS ON KNOWLEDGE AND DATA ENGINEERING, 2014 (3): 652-666

② SMIRNOV A, LEVASHOVA T, SHILOV N. Patterns for context-based knowledge fusion in decision support systems [J]. Information Fusion, 2015, 21: 114-129.

1.2.3 知识融合算法

算法是知识融合的关键,直接决定着其最终的效果。假设现有知识 K_1、K_2,不能解决用户实际遇到的问题 P,但是当对 K_1、K_2 通过一定的函数进行集成、转化等处理之后,形成新知识 K_3,而利用 K_3 可以解决问题 P,那么这个实现 $K_3 = f(K_1, K_2)$ 转换的函数 $f(k)$ 则成为实现知识融合的融合算法。融合算法的目的是针对所要解决的问题,对现有知识进行处理,从而产生新知识。数据—信息—知识一脉相承,在一定条件下,可以实现相互转化,因此信息融合的技术改进后也可以在知识融合领域使用,而同时,规则作为知识的一种描述形式,能体现知识的特征。据此,学术界对知识融合算法的研究,基本上是从以下两个角度来展开的。

(1) 基于信息融合技术的知识融合算法

数据融合—信息融合—知识融合一脉相承,信息和知识在一定程度上也可以互相转化,因此,在前期信息融合的基础上,将信息融合的某些融合算法通过一定的变化可直接应用于知识融合。比如,信息融合技术中的贝叶斯理论、证据理论、蚁群算法等应用于解决决策处理过程时,以集合理论为基础,以体制框架为研究对象,在融合处理基础上,缓解了知识不确定性对人们决策支持带来的负面影响,同时对降低决策错误的可能性具有重要意义,提高了知识对最终决策支持的可靠性。

国内外基于信息融合技术进行的知识融合算法研究,主要基于以下三种理论:贝叶斯理论、证据理论和蚁群算法,具体见表 1-4。Santos 在贝叶斯理论的基础上,对来自多源异构的信息源的知识片段进行融合,提出了一个针对不确定环境下的知识融合的算法框架[1]。Lin H 针对来源不同、时间和视角不同的内外部知识存在异构的问题,利用贝叶斯模型进行融合,构建了具有较好可靠性的统一

---

[1] SANTOS E, WILKINSON J, SANTOS E E. Bayesian knowledge fusion [C]. Proceedings of Twenty-Second International FLAIRS Conference (2009).

贝叶斯新知识库①。韩立岩等在对企业预警的研究中，通过引入信息熵的概念，来确定基础概率的分布，并在证据理论的基础上提出了知识融合的算法，结果表明其对降低知识的不确定性具有重大改进②。胡蓓在 D-S 证据理论的基础上，利用信息融合技术，提出了新的融合规则，其具有更好的通用性和适用性，尤其是在对异构知识的处理上具有很大的优势③。缑锦认为融合算法的最终目的一方面是解决新问题，另一方面是扩展知识库，提高知识库的移植能力，因此利用遗传算法和反馈机制，对无用知识的产生起到了很好的抑制作用，提升了新知识的有效性④。YU Tianbiao 等在协同技术服务模型中，利用遗传算法实现了知识融合⑤。Martens 等将知识融合定义为知识的分类，通过对知识融合的条件进行约束，提出了基于蚁群优化的知识融合算法⑥。

表 1-4 基于信息融合技术的融合算法

算法依据	来源作者
Bayes 概率	SANTOS E，LIN H
D-S 理论	韩立岩，胡蓓
遗传算法	缑锦，YU Tianbiao，MARTENS D

（2）基于融合规则的知识融合算法

知识科学作为一门专门的学科，主要研究知识的获取、表示、组织与处理。

---

① LIN H, LIN Y, YU J, et al. Weighing fusion method for truck scales based on prior knowledge and neural network ensembles [J]. IEEE Transactions on Instrumentation and Measurement, 2014, 63 (2): 250-259.

② 韩立岩. 基于 D-S 证据理论的知识融合及其应用 [J]. 北京航空航天大学学报, 2006 (1): 65-73.

③ 胡蓓，王聪颖. 基于信息融合的发展中国家高技术产业集群知识融合与创新模型研究 [J]. 图书情报工作, 2009, 53 (2): 38-38.

④ 缑锦，杨建刚，蒋云良，等. 基于元信息和本体论的知识融合算法 [J]. 计算机辅助设计与图形学学报, 2006, 18 (6): 819-823.

⑤ Yu Tianbiao, DING Junmei, SONG Yahong, et al. Research on model of cooperative technology service based on genetic fusion algorithm [C]. 2012 International Conference on Management Science & Engineering (19 th) September 20-22, 2012 Dallas, USA: 1673-1679.

⑥ MARTENS D, BAEKER M D, HAESEN R, et al. Ant-based approach to the knowledge fusion [M]. Heideibery: Springer, 2006.

知识是对信息关联的表示，而关联的表达是基于规则来体现的，因此，很多学者认为知识融合是对规则的集成与演化，并据此提出了相应的算法。基于规则融合的相关理论认为，融合对象的规模对最终的结果具有重要影响，因此强调对融合对象的预处理，即选择什么样的知识进行融合。Gregoire 将知识库当作蕴含规则的有序集合，在自定义逻辑规则的基础上，提出了新的形式化模型，该模型以逻辑规则为基础，对特定约束下的知识进行融合，并将其应用在实际知识背景下，取得了不错的融合效果[1]。胡晓等为了消除知识融合中的术语冲突，提出了逻辑树融合算法，该算法对解决频率融合中的谓词冲突，以及句法融合中的语义冲突都有显著作用[2]。Borhgoff 等对复杂多源、粗细粒度不一、结构各异的知识，利用融合规则完成融合，生成了新知识[3]。

1.2.4　知识融合的应用

知识融合发端于军事研究，之后在不同的应用场景获得了广泛的推广和使用，如图 1-4 所示。

(1) 在产品设计领域的应用

在快速变化的市场环境下，产品升级换代的速度愈来愈快。如何从知识管理的角度提高对设计知识的积累和重用，进而提高企业产品开发的效率和质量已经成为关系企业竞争力和发展前景的重要问题。随着计算机技术的发展，产品设计不再局限于单领域的个人经验设计，而是变为集网络分析、领域知识融合为一体的优化设计。融合的对象不再局限于某一领域，而是来源各异的多领域。在此背景之下，知识融合技术越来越多地应用到产品设计领域中。

缑锦在个性化产品的协同定制中引入了知识融合技术[4]，知识融合的目的是

---

[1] GREGOIRE E. Fusing legal knowledge [A]. In: Proc. of the 14th IEEE int. Conf. on Information Reuse and Integration [C]. Les Vegas, 2004: 522-529.

[2] 胡晓, 胡洁, 彭颖红, 等. 语义级知识融合中的冲突消解方法 [J]. 上海交通大学学报, 2009 (11): 4-8.

[3] BORHGOFF U M, PAERSCHI R, KARCH H, et al. Constraint-based information gathering for a network publication system [A]. In: Proc. Of Int. Conf. on Practical Application of Intelligent Agents and Multi-Agent Technology [C]. Lodon, 1996: 45-59.

[4] 缑锦. 知识融合中若干关键技术研究 [D]. 杭州: 浙江大学, 2005: 58-70.

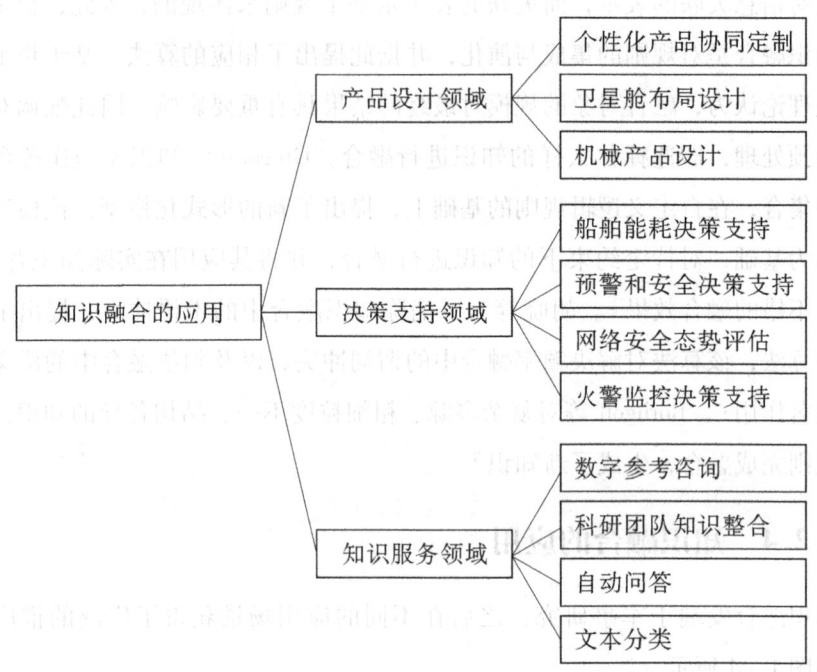

图1-4 知识融合应用领域

在生产流程主要阶段实现产品的知识分享与协作,实现知识的统一化和自动化处理,辅助产品生产,提高产品的个性化程度,以满足用户的要求。顾邦军等以包装机械中高速贴标机的设计为实例,利用计算机语言实现了机械产品设计的知识融合[①]。Wang Yishou等将知识融合技术应用于卫星舱的布局设计[②],通过知识融合技术,将在线的人类知识、先验知识和计算机知识进行融合,设计出一种可行的方法来解决卫星舱布局设计问题。朱玉屏等将知识融合应用于机械产品的设计[③]。此研究建立了一种基于本体的产品设计知识模型,并将该知识模型应用于制造行业产品——数控机床的设计中,帮助制造企业缩短产品设计周期和提高开

---

① 顾邦军. 网络环境下虚拟产品设计的知识融合技术研究 [D]. 衡阳:南华大学,2007.

② YISHOU W, HONGFEI T. Knowledge fusion design method: satellite module layout [J]. Chinese Journal of Aeronautics, 2009, 22 (1): 32-42.

③ 朱玉屏,刘丽兰. 基于知识融合技术的产品设计知识模型研究 [J]. 计算机应用研究, 2009 (9): 3235-3238.

发质量，同时也有利于产品设计知识的共享和重用。

（2）在决策支持领域的应用

决策支持系统能够为企业提供各种决策信息以及问题的解决方案，进而提升企业决策面对动态的内外部环境的应对能力，提升其决策的质量与效率。目前，决策支持系统逐步结合人工智能技术向智能决策支持系统转变。在此背景下，知识融合技术在决策支持系统的智能化过程中发挥了重要的作用。

夏荣菲等在对船舶的能耗评估决策中引入知识融合理论[①]。首先，根据系统理论，将船舶的能耗作为研究对象，并建立相应的模型库；其次，构建船舶能耗的知识库，知识库的构建主要以船舶能耗的计算方法、评估经验以及以往案例为基础；最后，以构建的设备模型库、能耗知识库以及原有的数据库为知识源，以融合算法为主要策略，构建船舶能耗评价的决策支持系统。Smirnov A 等将知识融合技术应用于火警监控决策支持系统[②]。Kriegel E U 等将知识融合技术应用于预警和安全系统，并着重强调从语义理解的层面融合复杂信息和知识，从而达到支持决策的目的[③]。陈超认为网络环境下的数据具有不确定性，通过对知识不确定性进行分析，认为粗糙集对于解决此类问题具有优势，因此构建了基于粗糙集的知识获取体系；针对知识的多源性和结构的复杂性，利用 D-S 证据理论在异构信息融合中的优势，构建了评估系统中的规则融合算法[④]。徐晓等在制造领域也引入了知识融合，以粗糙集模型为基础，将知识表示为函数关系，通过不可分辨函数来对信息进行融合，构造了粗糙集，以解决知识融合中出现的问题[⑤]。

---

① 夏荣菲，万隆君. 基于知识融合的船舶能耗决策支持系统［J］. 船舶工程. 2014（S1）：166 – 169.

② SMIRNOV A，LEVASHOVA T，SHILOV N. Patterns for context-based knowledge fusion in decision support systems［J］. Information Fusion，2015，21：114 – 129.

③ KRIEGEL E U，PFENNIGSCHMIDT S，ZIEGLER H G. Practical aspects of the use of a Knowledge Fusion Toolkit in safety applications［C］//IEEE Eleventh International Symposium on Autonomous Decentralized Systems. IEEE，2013.

④ 陈超. 基于知识获取与规则融合的网络安全态势评估技术研究［D］. 郑州：中国人民解放军战略支援部队信息工程大学，2013.

⑤ 徐晓，翟敬梅，刘海涛，等. 制造决策的知识融合粗糙集模型［J］. 华南理工大学学报（自然科学版），2011（8）：36 – 41.

(3) 在知识服务领域的应用

在知识经济背景下,知识在社会的发展、技术的进步、企业的竞争中发挥了极其重要的作用。与此同时,信息服务逐渐向知识服务转变。知识融合为知识服务的实践与发展奠定了技术基础,目前主要应用于数字参考咨询、科研团队知识管理、自动问答系统、文本分类等方面。

沈旺等在数字参考咨询领域引入知识融合①。通过知识融合,解决多源数据的异构、语义冲突等问题,实现新知识的发掘和利用,提升咨询过程中对信息的组织能力,以及提供给用户的咨询服务质量。赵丽梅等将知识融合理论应用于科学研究知识领域②,认为提高科学研究人员的创造力,需要以不断提升的知识融合能力为基础,相关平台的构建势在必行。樊孝忠等开发了FAQAS③,并将其应用于金融领域的自动问答,它利用交互中的人工提问,完成了句法、语义的分析,以及规则和实例的推理,实现了对来源复杂的知识的处理,并向用户反馈满足其需求的结果。针对FAQAS系统在用户问句约束和处理效率方面的不足,缑锦应用知识融合技术完成了新的自动应答服务系统(KFAA)的设计④。代六玲等将知识融合应用于在线文本分类,利用支持向量机对语义文本进行训练,利用动态调整语义实现对分类知识的融合⑤。

随着知识科学和信息技术的发展,知识融合的应用领域越来越广泛,涵盖了机械设计与制造、管理中的决策支持、互联网中的知识服务等。机械设计与制造相对专业,基于某一特定领域,其服务对象也是专业人员。大数据和互联网的发展,改变了整个社会的生活方式,越来越多的普通用户可以通过网络发布自己的信息,企业了解用户需求的渠道也因此有所拓宽。各行各业也通过互联网建立了

---

① 沈旺,李亚峰,侯昊辰. 数字参考咨询知识融合框架研究 [J]. 图书情报工作,2013 (19): 139 – 143.

② 赵丽梅,孙艳华. 面向知识创新的高校科研团队内部知识整合的特征与内涵研究 [J]. 科技管理研究,2015,35 (1): 171 – 176.

③ 樊孝忠,李宏科,李良富,等. 银行领域汉语自动问答系统 BAQS 的研究与实现 [J]. 北京理工大学学报,2004,24 (6): 528 – 532.

④ 缑锦. 知识融合中若干关键技术研究 [D]. 杭州:浙江大学,2005.

⑤ 代六玲,李雪梅,黄河燕,等. 基于知识融合的在线文本分类算法——语义 SVM [J]. 华南理工大学学报(自然科学版),2004 (1): 67 – 72.

更紧密的联系，用户对知识服务的需求也越来越高，知识融合不再局限于单领域面向专业人员，而是多领域面向普通用户。如何实现跨领域的知识融合，为一般用户提供更优质的服务，是未来亟待解决的问题。

1.3　小结

本章从研究目标和研究方法的角度出发，分别从电子商务推荐原理、知识融合理论与方法两个方面对本书的理论基础展开论述。电子商务推荐是本书的主要研究任务，本章对电子商务推荐的基本概念、主要方法和技术进行了总结，为本书的后续研究奠定了基础。知识融合是本书所使用的主要技术框架，本章对知识融合的概念、应用、典型的模型架构进行了探讨，为后续知识融合框架下的推荐提供了理论支撑。

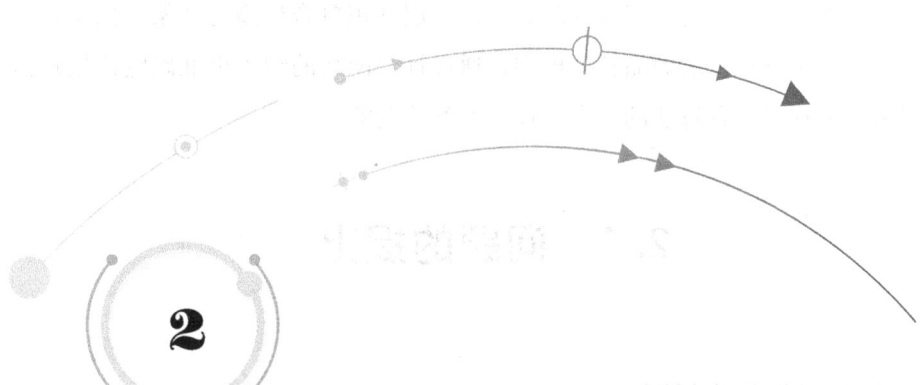

2 基于三层知识融合的推荐模型框架

基于三层知识融合的电子商务推荐模型研究

电子商务推荐是解决电子商务环境下海量信息与用户决策困境间矛盾的重要手段,以向用户推荐其购买可能性高的商品,一方面促进商品销售,另一方面解决用户决策困境。现有的电子商务推荐已取得了较大的进展,但是仍然存在着新商品和新用户的冷启动问题、海量商品下的数据稀疏性问题,以及推荐的精准性和惊喜性问题。本章以这些问题为起点,以三层知识融合模型为框架,探索在全网环境下构建更细粒度的商品特征模型,通过社交网络的纳入更准确定位用户需求和偏好,并通过多种算法的融合来提高推荐的效率。

2.1 问题的提出

2.1.1 冷启动问题

协同过滤推荐因其可行性和易实现性,在电子商务推荐发展上留下了浓墨重彩的一笔,但是仍然存在局限性。协同过滤方法的实现基于以下假设:购买过相同商品的用户偏好类似,向特定用户推荐与类似偏好用户评分过的产品,被推荐成功的可能性较大[1]。协同过滤推荐的优点是一方面可通过用户相似性发现用户的潜在兴趣,另一方面其推荐算法对项目没有要求,具有推广的适应性[2]。协同过滤推荐的依据是项目评分矩阵,在电子商务网站,用户购买商品之后,会通过评分对商品进行评价,推荐算法依据用户评分来计算用户之间的相似性。此种方法简单易行,但是有缺点:当新用户或新商品进入系统时,由于缺乏评分数据,对新商品而言,永远得不到推荐;对新用户而言,不知道怎么对其推荐,此即为冷启动问题[3]。

---

[1] SU X Y, KHOSHGOFTAAR T M. A survey of collaborative filtering techniques [J]. Advances in artificial intelligence, 2009, 2009: 4.

[2] BREESE J S, HECKERMAN D, KADIE C. Empirical analysis of predictive algorithms for collaborative filtering [C] //Proceedings of the Fourteenth conference on Uncertainty in artificial intelligence. Morgan Kaufmann Publishers Inc., 1998: 43 – 52.

[3] 李聪,马丽. 电子商务推荐系统瓶颈问题研究 [M]. 北京:科学出版社,2016: 22 – 24.

在电子商务发展如此迅速的环境中，每天都有新的商品上线，而且数量巨大，如果冷启动问题得不到解决，必定会影响用户对电子商务平台的体验。对于电子商务平台而言，解决冷启动问题，一方面可以帮助店铺推销新商品，提高店铺销售额，扩大电子商务平台的影响力；另一方面，对于新用户而言，如果能够解决新用户的冷启动问题，实现对新用户的准确推荐，则可以避免新用户加入平台后产生茫然感，提升其对电子商务平台的服务体验，增强新用户的平台黏性。总而言之，冷启动问题是制约电子商务推荐发展的重要问题，冷启动问题的解决对于用户、平台、商家而言都是至关重要的。

随着推荐技术的发展，目前学术界对冷启动问题的解决给出了一些解决方案，主要从两个角度来实现：一是在协同过滤之后，针对新用户或新项目，加入新的方法或元素完成推荐，比如对新用户进行随机推荐、对新项目进行平均值推荐，或通过信息熵来实现新用户推荐等；二是在协同过滤之前，对用户评分矩阵进行扩展，通过演化、推理等构建新用户与新项目的评分项，之后再进行推荐，以解决冷启动问题。

上述两种思路角度不同，一种是在协同过滤前解决冷启动问题，另一种是在过滤后处理冷启动问题，但是在结果上都对冷启动问题起到了一定的抑制作用。纵然如此，在推荐的效果上仍然存在着不足：随机推荐解决了冷启动问题，但是推荐依据不足导致推荐的准确率下降；利用均值进行推荐，忽略了用户的个性化；众数法太随机，导致对新商品的推荐出现两种可能，要么用户特别满意，要么用户完全无感，影响用户体验；矩阵扩展的方法在高维数据中存在局限。因此，冷启动问题的解决虽有成果，但是仍然存在着极大的研究空间。

2.1.2 数据稀疏性问题

推荐的生成大多是基于用户—项目评分矩阵 $\boldsymbol{R}(m,n)$，其中 m 为用户数，n 为项目数，矩阵元素 $r_{i,j}$ 表示用户 i 对项目 j 的评分情况。用户—项目评分矩阵反映了用户的历史行为和兴趣偏好，是推荐的基础。由于电子商务的高速发展，在电子商务网站上无论是用户还是商品，数量都很庞大，且还在不断增长中，导致 $\boldsymbol{R}(m,n)$ 成为高维矩阵；而与此同时，影响推荐效果的用户评分数量却非常少，甚至不超过1%①。维度的不断增长和评分数目的极端稀少，导致评分矩阵$R(m, n)$中的评分数据极端稀疏，从而极大地影响推荐的质量，此即为推荐的数据稀疏性问题。数据稀疏性问题是推荐系统的永恒问题，因为在用户评分矩阵中，用户不可能对所有商品都评分，商品也不可能被所有用户评分，因此，数据稀疏性不可能彻底解决，只可能在现有条件下，利用算法改进或引入新数据，尽可能降低数据稀疏性对推荐效果的影响。

2.1.3　精准性与惊喜性问题

精准性推荐是指精确地预测用户需求，提供未来可能购买的商品列表②。精准性推荐强调准确率，使推荐结果趋近用户的历史喜好，但也容易出现趋同性。比如，用户购买过T恤，推荐系统根据其历史评分会认为其具有喜欢T恤的偏好，就会反复向其推荐T恤，导致用户对推荐系统不满意。事实上，也许用户想尝试衬衫，如果这时候推荐系统向用户推荐了一件符合其品位和定位的衬衫，那么可能会给他带来惊喜。所以，推荐的惊喜性，是指推荐系统将新颖的、有趣的、出乎用户意料的商品推荐给用户③。惊喜性可以拓展用户兴趣，帮助用户去发现其潜在偏好，提升用户对推荐系统的满意度，提升用户体验，增强电子商务推荐系统的用户黏性。

但是惊喜是个人性和情感性都非常强的概念，不同的人对惊喜的定义会完全不同，因此，对惊喜性的实现和衡量指标都不容易确定。目前的推荐系统研究还主要将目光集中在精准性研究上。本书通过引入用户兴趣模型以及价值感知理论等，试图在惊喜性方面有所突破。

---

① SARWAR B, KARYPIS G, KONSTAN J, et al. Item-based collaborative filtering recommendation algorithms [C] // Proceedings of the 10th international conference on World Wide Web. ACM, 2001: 285 - 295.

② 刘凯. 基于屏幕视觉热区的用户偏好提取及个性化推荐 [M]. 北京：科学出版社, 2016: 15 - 35.

③ KOTKOV D, WANG S, VEIJALAINEN J. A survey of serendipity in recommender systems [J]. Knowledge-Based Systems, 2016, 111: 180 - 192.

2.2 基于知识融合推荐框架的理论依据

2.2.1 消费者行为理论

(1) 科特勒的消费者行为选择模型

根据商品消费过程的环节,可以将消费者的行为分为两种:商品在市场流通阶段对应消费者的购买决策行为,商品在消费使用阶段对应消费者的商品使用行为。消费者的购买决策行为决定了其后一阶段的商品使用行为,前者的研究对了解消费者行为模型具有更重要的意义,因此,现有的消费者行为的研究主要集中于消费者购买决策阶段。研究消费者的最终目的是营销,菲利普·科特勒站在营销的角度,分析了消费行为的影响因素,认为消费者的购买决策行为是基于多个外因的同时作用[①]。这里的外因主要包括两部分——营销刺激和环境刺激,这两大刺激对不同特征的消费者产生不同权重的影响,最终形成消费者基于不同特征的商品购买决策,消费者行为过程如图 2-1 所示。该模型将消费者行为划分为三个阶段:刺激购买欲望,制定购买决策以及实施购买行为。

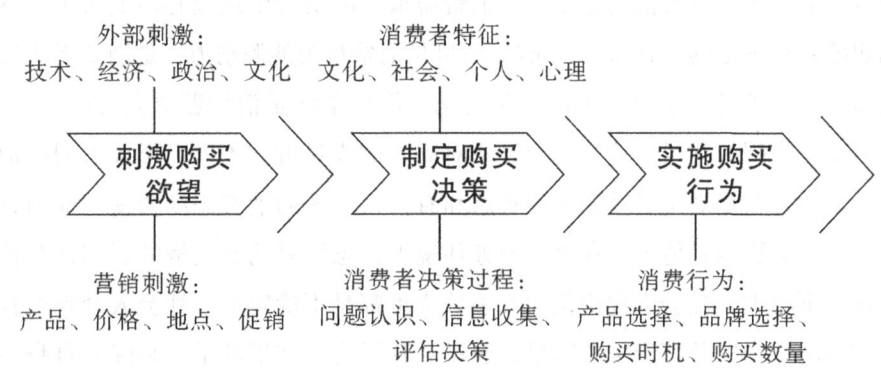

图 2-1 科特勒行为选择模型

---

① 菲利普·科特勒,凯文·莱恩·凯勒. 营销管理 [M]. 14 版. 王永贵,等译. 上海:格致出版社,2015:151-177.

在电子商务活动中,用户的消费冲动受商品特征(包括商品功能、商品的图文展示等)、好友推荐、商品的评论以及用户个人心理特征等因素的影响,这些因素的共同作用,激发了用户的购买需求。而当用户产生购买需求后,在商品丰富的现代电商环境下,最终购买哪件商品,则是一个收集信息、评估商品并制定决策的过程。当用户根据决策完成购买行为之后,商品就完成其商务属性,退出流通领域,进入消费行为的下一阶段——消费使用阶段。在此阶段,消费者会根据自己的使用情况对商品进行评价,包括商品是否符合自己的预期、商品质量如何等,这些评论通过评分或文本的形式发布于网络,给其他用户的购买决策再次提供参考。

因此,本书认为消费者行为与消费者心理活动交互作用存在于整个消费流程,具体而言可分为以下几个阶段:①消费认知,确定购买意愿;②商品信息收集与评估,制定购买决策;③购买商品,形成实际购物行为;④发布评价,形成购物后反馈。每个阶段都受用户内心活动与外在行为共同作用,消费认知是内心活动,但是受外在环境的刺激;信息收集与评估是外显行为,但是会影响用户制定决策的内心活动;发布评价是外显行为,表达用户对购物行为及所购商品的情绪倾向,并影响其他用户的购物行为。

消费者内在心理活动是隐藏的、不可见的,主要包括消费者的消费需求、购买动机、消费个性以及消费态度等。消费需求是消费者生理或心理上由于某种渴求而想要获得满足的一种需要。购买动机是消费行为的源动力,是消费者明确自己的需求并为满足需求而做出的初步行动。消费个性是消费者个人特征决定的,不同消费者之间的背景、认知差异导致对需求的满足方式不同,形成不同的消费个性。消费态度是消费者对商品的观点和看法,个人的消费态度会受其他消费者的影响,也会影响其他人,在电子商务环境下,态度对消费决策的影响比在传统商务环境下更大。社会学理论认为大多数决策都是不确定的,社会人会观察其他社会成员的行为以及其产生的结果,通过对其行为与结果的学习来降低自身制定决策的不确定性,减少失误①。

用户外显行为指用户可被外界看见的行为活动,主要是通过肢体动作来体

---

① BANDURA A. Social foundation of thought and action: A social cognitive theory [J]. Pearson Schweiz Ag, 1986, 12 (1): 169 – 171.

现，比如消费者在电商网站的浏览、点击搜索等动作，以及在购物后的分享、评论、推荐等行为。

(2) 消费者行为模式理论

如图 2-2 所示，消费者行为模式的研究经历了从线性开放模式到闭环行为模式，再到网状行为模式的发展历程。传统的线性开放模式以 AIDMA 为代表，认为消费者的行为模式依据"attention（关注商品）——interest（产生兴趣）——desire（产生购买欲望）——memory（留下记忆）——action（购买行动）"的流程来展开[1]，这种模式认为消费者的行为过程是线性的，环环相扣，层层展开。闭环行为模式主要有 AISAS 模式，这种模式认为用户消费行为主要由以下环节构成：被引起关注（attention）、被引起兴趣（interest）、主动搜索（search）、购买行动（action）、主动分享（share）等，这些环节并非依次展开，而是在主动分享后，再次引起用户兴趣，从而实施第二次购买行为，形成闭环[2]。网状行为模式比闭环行为模式更复杂，主要有 SICAS 模式，该模式认为消费者行为主要包括消费者互相感知（sense）、产生兴趣 & 形成互动（interest &interactive）、建立连接 & 互动沟通（connect& communication）、行动购买（action）、分享体验（share），网状行为模式下，各环节之间以网状结构形成连接[3]。

AIDMA 模式是美国广告人刘易斯在 web 1.0 时代提出的消费者行为模式，揭示了 web 1.0 环境下用户的一般购物模式。之后，日本电通公司在 AIDMA 模式的基础上进行改进，提出了适用于 web 2.0 的网络特征的消费者行为模式 AISAS，该模式认为当消费者的购物兴趣被引起之后，会采用网络搜索引擎主动搜索商品相关信息，经过仔细比较评估之后，实行购买行为，并将相关购物体验通过网络发布方式主动分享，为其他用户的购物搜索提供新的可借鉴信息。该模式的贡献主要在于两点，其一是认为用户的购物行为是一个被动向主动转化的过程，从而激发了学术界对如何调动用户的主动积极性的研究；其二是认为购买行动不是消

---

[1] 戴维·刘易斯，达恩瑞·布里格，刘易斯，等. 新消费者理念 [M]. 北京：机械工业出版社，2002.

[2] KONO S. From the Marketers' Perspective: The Interactive Media Situation in Japan [M] // Television Goes Digital. Springer New York, 2009: 69-76.

[3] SICAS：数字时代的用户行为消费模型[EB/OL]. (2015-04-14) [2024-08-13]. http://www.360doc.com/content/ 15/0414/17/ 11419658_ 463174742. shtml.

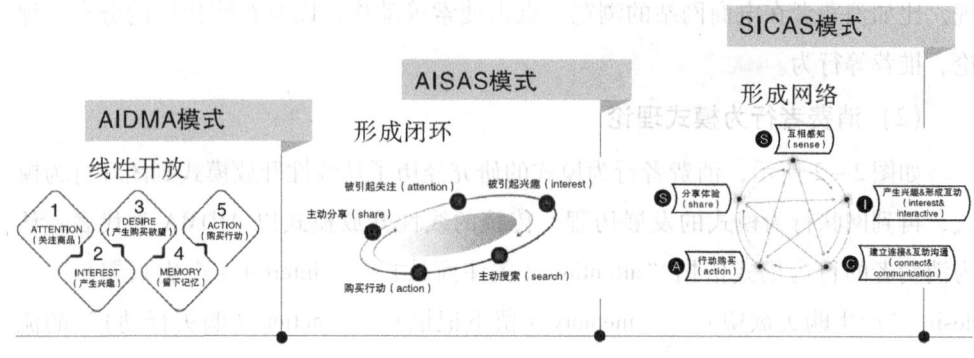

图 2-2 消费者行为模式理论演变

费者购物行为的终结,还会通过分享的发布,来影响其他用户的购物行为,形成闭环结构,这样更符合用户网络消费行为的真实情况。

2.2.2 消费价值感知理论

当顾客进入购物平台后,洞察顾客的需求、心理和行为,并向其推荐可能购买的商品是推荐系统的主要功能。推荐的起点是消费者需求,目标是消费者的满意度和忠诚度。在市场中,消费者和营销者从各自的角度关心不同的问题,同时又相互影响并产生互动,如图 2-3 所示[①]。

当营销手段从产品导向向消费者导向转变时,推荐技术也从一般推荐向个性化推荐转变。消费者导向的营销方式发端于优秀的企业家,伟大的企业家亨利·福特在 20 世纪 20 年代提出,"消费者是我们工作的中心。我们必须时刻想到消费者,提供比竞争对手更好的产品和服务","尽量了解人们内在的需求,用最好的材料、最好的员工为大众制造人人都买得起的好车。"[②] 消费者的价值越来越受到企业管理者的重视,管理学大师德鲁克于 1954 年首次在《管理的实践》中提出了"消费者价值"的概念[③]。

在营销管理框架的演变过程中,1960 年的 4Ps 框架在 20 世纪 70 年代发展为

---

① 迈克尔·所罗门,卢泰宏,杨晓燕. 消费者行为学 [M]. 北京:中国人民大学出版社,2014:20.

② 亨利·福特. 我的工作和生活:福特自传 [M]. 李伟,译. 北京:新世界出版社,2010:78.

③ 彼得·德鲁克. 管理的实践 [M]. 北京:机械工业出版社,2008:41-42.

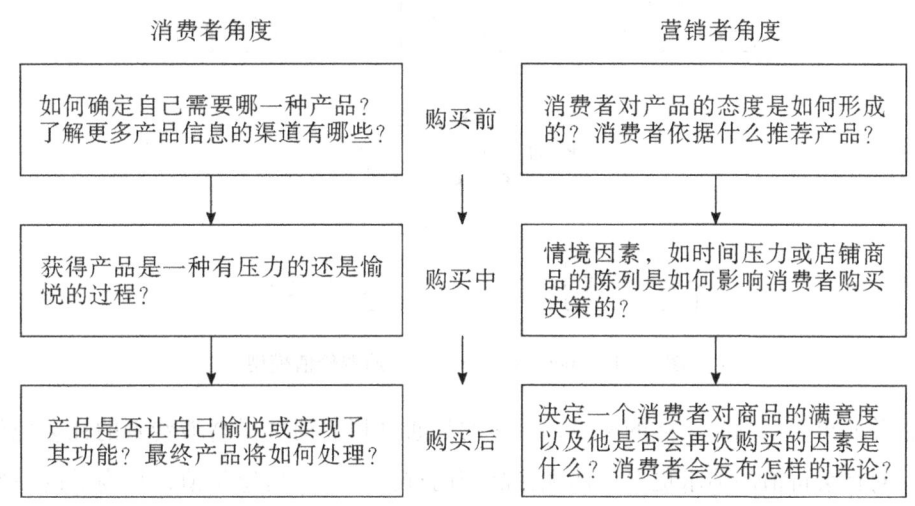

图 2-3 消费过程各阶段的不同问题

营销战略框架,这意味着营销方式已经从以企业为中心转向以顾客为中心。20 世纪 80 年代,关系营销成为主导的营销范式之后,"消费价值"成为营销管理的核心和主线①。

通过营销手段向消费者提供产品或服务的目的,是满足消费者的利益或价值需求,即通过商品或服务的提供来满足消费者价值需求。所谓消费者价值是指消费者从商品或服务中所获得的价值,消费者的消费过程实际就是寻找消费价值的过程。

1993 年,Sheth 等人构建了消费价值模型,用于阐述用户在实施购买行为时对商品、品牌等的选择原因,称为 Sheth-Newman-Gross 消费价值模型。该模型认为消费者的购买决策,是基于五种消费价值制定的,包括功能价值、社会价值、情感价值、认知价值和条件价值,如图 2-4 所示。

①功能价值,指商品自身的功能特征或属性,能满足消费者对该功能在使用上的价值需求,比如对消费者而言,夏季购买短袖,春秋季购买长袖,就是出于不同商品能满足不同季节的穿衣功能需求的考量。②社会价值,指商品消费能使消费者与某些社会群体建立关联,实现其对社会价值的追求。对社会价值的追

---

① 菲利普·科特勒,凯文·莱恩·凯勒. 营销管理 [M]. 上海:格致出版社,2016:152-154.

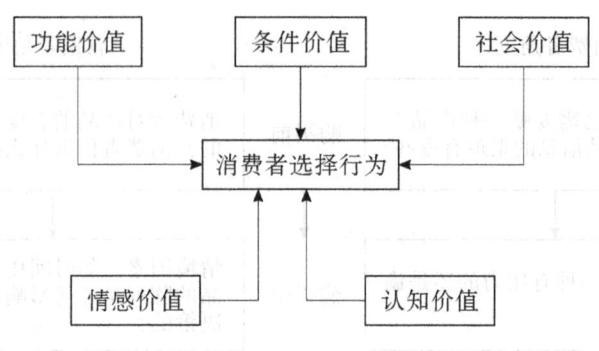

图 2–4　Sheth-Newman-Gross 消费价值模型

求,并非出于对商品功能的考量,更多的是通过相关消费提高消费者的社会地位等,对社会价值的追求更多地体现在品牌的选择上。③情感价值,指商品的消费能够实现消费者情感的体验,消费过程并非出于功能需求或社会认知的考量,而是出于消费者的爱好,通过消费行为可以表达消费者的喜爱之情,即为情感价值。④认知价值,指用户对未知事物的探知欲,当某种未知产品诱发用户的探奇心理,并且用户通过购买和使用体验,获得对新事物的了解及相关知识,那么该产品就有认知价值。⑤条件价值,指商品在特殊情境下对消费者产生的价值,条件价值的产生是以条件产生为前提,条件价值是临时的、短暂的。

Sheth 认为商品的消费价值是影响消费者购物决策的关键因素,不同的消费者对五种不同消费价值的追求权重不同,导致了消费者即使有共同的需求,仍然会做出不同的购物决策。因此,消费价值影响用户偏好。

2.2.3　三层知识融合理论

(1) 相关概念界定

数据是信息的符号化表示,是对信息的简要表达。信息是数据的含义扩展,是特定环境下对数据的语义表达。知识是在理论或应用研究中对历史数据的总结,是对信息与信息构成关系的描述①。知识的形成,一方面可以帮助人们了解先前经验和认知,另一方面也可为人们决策提供知识服务。知识科学将其过程描述为获取、表示、组织及服务。

---

① 张仰森,黄改娟. 人工智能教程 [M]. 北京:高等教育出版社,2008:13–14.

知识融合是知识科学与信息科学的交叉学科,是互联网技术高度发达的产物。随着网络技术的高速发展,可将网络上分布的异构知识进行获取、表示、集成等处理,从中挖掘能解决更复杂问题的新知识,并对知识结构和内涵进行优化,从而向用户提供更优质的知识服务[①]。

结合前文知识融合相关理论可知,知识融合的对象是广义的知识,包括数据、信息以及狭义的知识,融合的结果是能解决目标问题的新知识。因此,从概念建模的角度,本书将知识融合定义为:

$$F = <G, B, A, f>$$

其中,G 表示问题的求解目标;B 表示融合前的知识,可能是不同知识源的集合,可以用 $B = \{B_1, B_2, \cdots, B_n\}$ 表示;A 表示融合后生成的新知识,新知识用于支持问题的求解目标 G;f 表示融合过程,通过融合算法来体现。

(2) 三层知识融合模型

Fisch 定义了知识融合的三个层次——数据层、模型层、应用层,分别对应知识处理的三个阶段[②],如图 2-5 所示。

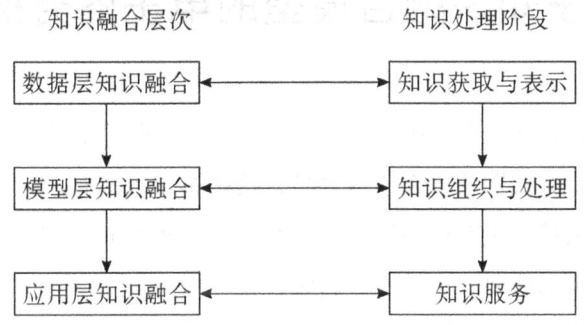

图 2-5 Fisch 三层知识融合模型

数据层知识融合的处理对象是多源异构的数据,目的是知识的获取与表示。知识融合的对象不仅包括具有特定表示方式的知识,还包括数据、文本信息等,

---

① 唐晓波,魏巍. 知识融合:大数据时代知识服务的增长点 [J]. 图书馆学研究,2015 (5):9-14.

② FISCH D, KALKOWSKI E, SICK B. Knowledge fusion for probabilistic generative classifiers with data mining applications [J]. IEEE Transactions on Knowledge & Data Engineering, 2014, 26 (3):652-666.

其来源不同、结构各异。面向问题，构建统一的知识模型，对多源异构信息进行统一模式的表示，为后续知识处理提供知识基础。

模型层知识融合解决的是知识的组织与处理问题，是知识融合的关键，目的是生成用以解决问题的新知识。模型层知识融合的过程，具体而言，就是利用数据层知识融合构建的统一知识模型，对知识进行分析、推理、集成、转化等，然后生成能够解决问题的新知识。

应用层知识融合解决的是知识服务问题，目的是提供精准的个性化知识服务。精准定位服务对象的需要，对其进行解析，然后将融合结果以新知识的形式展示给用户，通过精确匹配提升服务质量。

通过上述分析可见，三层知识融合模型根据处理对象的不同划分为了三个层次，再逐步转化、逐层推荐，体现了信息—知识—服务在解决问题中的变化过程。

2.3 基于知识融合模型的电子商务推荐框架

基于以上理论，在 web 2.0 时代，消费者的在线购物行为会在网上留下轨迹，从购物前的信息搜寻到购物后的体验分享，这些都是大数据的一部分。如何以这些轨迹为线索，去挖掘更有用的用户、商品信息，提炼相关知识，实现精准化的个性化推荐，是本书所要解决的主要问题。

将电子商务推荐定义为知识融合的过程，用知识融合的概念模型来表示，可以表示为：

$$KF = <GF, BK, AK, f>$$

其中，GF 为电子商务推荐的目标，即向指定的用户推荐其满意的商品；BK 为融合前知识，即在大数据环境下通过用户行为或电商网站等获取的用户和商品信息、知识等；AK 是针对用户生成的个性化推荐列表；f 是从 BK 到 AK 转化过程中用到的知识融合算法。

信息—知识—服务的实现，需要经过两次转化。一是从信息到知识的转化。消费者购物行为轨迹形成了丰富的信息资源，这是实现推荐服务的数据基础，但是存在着来源多样、结构不一、价值稀疏等问题。从这些信息资源中抽取出支持个性化推荐的信息,转化成知识,并构建统一的知识模型,是第一次转化。从认知论的角度看,推荐是用户与项目的某种特定关系的构成,所有的推荐都是这两个维度的有机组合。因此,知识库是围绕用户—商品维度来构建的。

个性化推荐第二次转化是从知识到服务的转化,分两步完成。第一步,对知识库中的知识进行融合,生成为个性化推荐服务的新知识,包括两部分:①对商品粗粒度知识进行融合获取基于商品特征的细粒度知识;②对用户知识进行融合构建用户偏好模型。第二步,对用户偏好知识和商品特征知识进行融合,获取用户最可能购买的商品列表,实现推荐服务。

基于以上思路,结合知识融合的三层模型,构建商品推荐模型框架,如图2-6所示。

2.3.1　基于数据层融合的个性化推荐知识库构建

Web 2.0 环境下电子商务中的用户行为路径可以概括为:潜在消费者购物前的决策行为→真实消费者购物行为→忠实消费者购物后的体验分享行为。购物前,消费者通过电商网站、社交平台等感知商品信息,产生购物兴趣,并通过有过购物体验的好友推荐或商品评论等获取可靠商品知识,从而做出购买决策。决定购买后,消费者通过电商网站下单购买,之后将购物体验以商品评论的形式在电商网站或社交网络进行分享。用户搜寻—感知—购买—分享的行为路径在网络上留下的印记,形成了用户行为大数据,为了解用户需求,探索商品特征,从而实现个性化推荐提供了数据基础。

数据层知识融合的目的是将数据转化成统一模式的知识。个性化推荐知识包括两个维度——用户、商品,而两个维度的信息来源复杂、结构不一、种类繁多,如何通过统一的模式实现不同维度的描述,实现不同元素之间的交互,便提出了本体的概念。本体具有语义性和规范性,有利于知识描述的准确性,避免出现歧义或模糊不清,而同时本体表达的简洁性和层次性,也有利于本体技术在专家系统以外的领域进行推广,尤其是对互联网知识的提取与表达较有利[1]。本体

---

① SMIRNOV A, LEVASHOVA T, SHILOV N. Patterns for context-based knowledge fusion in decision support systems [J]. Information Fusion, 2015, 21 (1): 114-129.

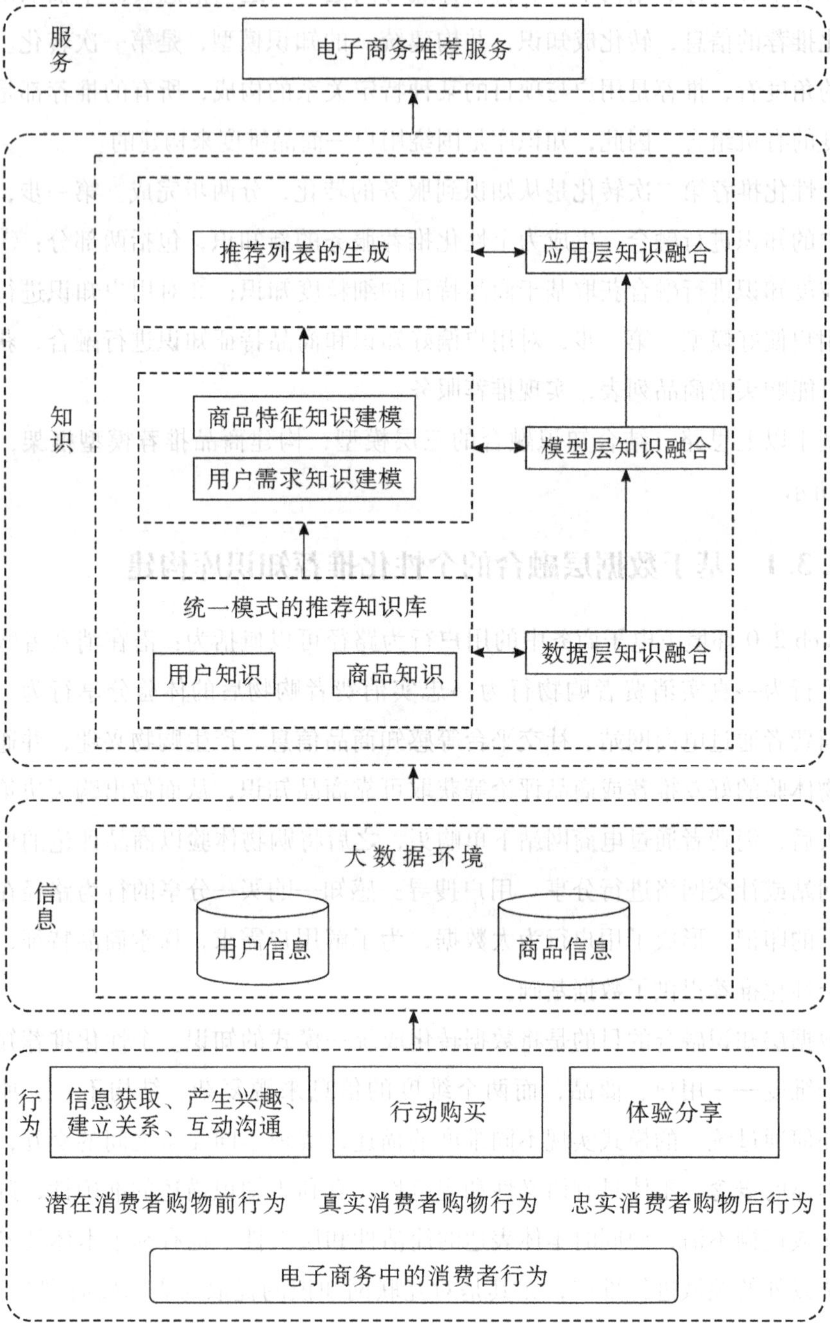

图 2-6　基于三层知识融合模型的推荐框架

另外一个重要的特性是可共享性，知识最重要的意义在于共享和传播，而本体能构建概念间的层次模型，是实现知识共享和推理的重要手段[①]。

由于本体的上述特性，本书选择本体模型来作为统一知识模式的表达工具。在电子商务推荐的情境下，利用本体来描述用户和商品概念，以及构建它们之间的语义关联，对于实现电子商务推荐知识的准确描述与知识共享具有重要意义，同时为后续生成支持推荐的新知识打下良好的知识基础。

2.3.2 基于模型层融合的用户偏好建模和商品特征建模

推荐是解决用户和商品二维问题的过程，目的是建立用户和商品之间的联系。在统一模式的推荐知识库下，利用用户知识融合来获取用户偏好知识，利用商品知识融合来实现商品特征知识的建模，是本层知识融合的主要目的。在统一模式的知识库的基础上，针对知识库中的用户知识，分析影响用户购买决策的特征因素，获取这些知识，并通过用户偏好建模，对相关知识进行融合，生成用户偏好新知识。

在推荐知识库中，对商品知识粗粒度的描述反映了商品部分属性特征，但是不足以反映用户对商品需求的真实特征属性。因此，构建商品特征属性模型，可以细粒度挖掘商品知识，为从商品特征角度向用户实现推荐，提供知识基础。

2.3.3 基于应用层融合的电子商务推荐方法体系构建

在模型层融合的基础上，获得了商品特征知识和用户偏好知识，如何形成推荐列表，针对特定用户实现推荐服务，则是应用层融合的基本目标。应用层融合主要从两个层次展开：首先，利用不同算法对商品特征知识和用户偏好知识进行融合，形成初步推荐列表；其次，由于不同算法各有优缺点，利用 D-S 证据理论，对不同算法结果进行融合，从而得到更优质的推荐效果。

---

① 吕苗. 基于情境的商品个性化推荐方法研究 [D]. 大连：大连理工大学，2015.

2.4 小结

本章首先针对现有推荐系统中存在的问题进行了分析总结,随着推荐技术的发展,电子商务取得了广泛的应用,也取得了较好的应用效果,但是在冷启动、数据稀疏、用户满意度方面仍存在不足。本书针对这些不足,通过消费者行为理论和消费者价值感知理论,在对电子商务推荐中两大重要维度——商品和用户进行分析的基础上,借鉴三层知识融合理论,提出了基于知识融合的电子商务推荐模型,专家认为电子商务推荐是对推荐知识库中用户知识和商品知识的融合,按照其层次,可分为:数据层融合是对大数据环境下用户信息和商品信息构建统一的知识模型,用以存储用户知识和商品知识;模型层融合是对用户知识和商品知识分别进行融合,以生成用户需求知识和商品特征知识;应用层融合是对用户需求知识和商品特征知识的融合,以生成最终的推荐列表。

3 基于数据层知识融合的电子商务推荐知识库构建

知识融合的目的是生成新知识，解决新问题。数据层知识融合的目的是提取大数据环境下可能需要的信息，转化成初步的知识，并通过统一的模式对知识进行组织，为后续知识融合提供知识基础。本章借鉴本体技术构建推荐知识本体模型，通过知识获取技术，形成推荐知识库。

3.1 电子商务推荐知识库构建的理论基础及问题描述

3.1.1 语义本体技术

随着计算机和网络技术的飞速发展，电子商务也取得了迅猛发展，几乎颠覆了传统的商务模式。在电子商务环境下，用户和企业不再需要面对面进行商务活动，而是通过网络就可以搜寻或发布相应的商品信息，并实现购买或销售活动。现有的电子商务环境中，海量信息也造成了数据结构混乱、价值密度低等问题，阻碍了推荐精准性的提升。语义本体技术的发展为电子商务推荐中的知识表达提供了新的方式，也成为了电子商务推荐领域的重要研究方法。

(1) 本体的概念

本体的概念起源于哲学，用于描述事物的本质。近年来，越来越多的学者将本体引入不同领域，来实现相关学科本质问题的探索，比如将本体的概念引入信息科学和知识科学等领域的研究，用于语义网的构建、知识的表示等。

本体在信息科学中的定义如下："相关领域的基本术语和关系，以及利用它们所构成的外延规则的描述。"[①] 此后，有学者对其进行了改进，定义为"explicit formal specification of the terms in the domain and relations among them"，即本体是对某一领域中术语及术语之间关系规范而明确的说明[②]。在本书中，本体是对领域

---

① NECHES R, FIKES R E, FININ T, et al. Enabling technology for knowledge sharing [J]. AI magazine, 1991, 12 (3): 36.

② GRUBER T R. A translation approach to portable ontology specifications [J]. Knowledge acquisition, 1993, 5 (2): 199-220.

内的概念以及概念之间的关系进行规范化的、明确的、形式化的描述，具有共享性。相关解释如下：

①概念模型（conceptualization）：将客观世界抽象为一系列概念，利用概念来构建客观世界的模型。概念模型是对客观世界的抽象表达，不具有环境依赖性。

②明确（explicit）：在概念模型中，对概念及其约束的表达必须明确，不能模棱两可。

③形式化（formal）：利用本体来描述的客观世界区别于自然语言表达，具有计算机可读性。

④共享（share）：本体是对领域内共同认可知识的表达，具有公认性，因此可实现领域内的共享。

事实上，领域本体即是对领域内的概念进行详细说明，从某种程度而言，本体的体现即词汇表，本体的作用是梳理领域内专业词汇以及词汇之间的关系，为领域内人员对本领域知识提供统一的认识。基于本体的概念模型，由于其解决了概念的统一表示问题，故相同领域的知识搜索、知识共享以及知识服务，都将大大提高效率。

创建本体的目的是借助本体对知识表达的层次性、语义性、准确性、共享性等特征，完成对领域知识的统一建模，构建相应的知识库，建立对专业术语的一致性表达，实现对专业术语及术语间关系的形式化定义。总而言之，虽然本体定义的方法不唯一，但是从内容的角度，本体一般都包含概念及概念间的关系等要素；从内涵的角度而言，本体是领域内部交流的语义基础，通过本体来定义具有共识性的领域知识[1][2]。

理论上，本体是由名词或名词之间的关系构成的文档。而在实际应用中，利用工具构建的本体，一般是由概念构成的分类体系以及推理规则来共同组成的。

---

[1] MCGUINNESS D L, VAN HARMELEN F. OWL web ontology language overview [J]. W3C recommendation, 2004, 10 (10)：2004.

[2] CHARRON B, HIRATE Y, PURCELL D, et al. Extracting semantic information for e-commerce [C] //International Semantic Web Conference. Springer International Publishing, 2016：273 – 290.

分类体系是对概念以及概念之间关系的层次化描述，而推理规则是为了实现知识间的推理，产生新知识服务。本体的终极目标其实是新知识，即"精确地表示那些隐含的（或不明确的）信息"①。

（2）本体建模元语言

基于上述本体定义，描述本体的基本建模元语言包括以下五种。

①类（classes 或 concepts）：对客观事物的概念化描述，从表示方式而言，以集合的形式来体现；从定义形式而言，以框架来表达，构成元素是类名以及类之间的函数关系。

②关系（relations）：领域中概念之间的相互作用通过关系来定义，可表示为集合的形式 $R: C_1 \times C_2 \times \cdots \times C_n$。本体概念间的四种基本关系如表 3 – 1 所示。

表 3 – 1 本体概念间的四种基本关系

关系名	关系描述
Kind of 或 is a	表示概念与概念之间具有继承关系或子类关系，如上衣是服装的子类
Attribute of	表示某个概念是另一个概念的属性，如价格是上衣的一个属性
Part of	表示概念与概念之间存在部分与整体的关系，如领子是上衣的组成部分
Instance of	表示某概念的实例与该概念之间的关系

③函数（functions）：关系（relations）的特例。表示关系的元素之间存在函数关系，即该关系元素之间存在依赖关系，比如 $F: C_1 \times C_2 \times \cdots \times C_{n-1} \rightarrow C_n$。

④公理（axioms）：代表永真断言，即某关系或函数的表达一定成立。

⑤实例（instances）：某个概念或关系的具体对象。

3.1.2　问题描述

电子商务推荐实际是解决电子商务环境下，用户和商品的匹配问题。从认知论的角度而言，推荐就是用户和商品在特定条件下的匹配，以及对其二者匹配结果的展示。

---

① SANTOSH D T，BABU K S，PRASAD S D V，et al. Opinion mining of online product reviews from traditional LDA topic clusters using feature ontology tree and sentiwordnet [J]. International Journal of Education and Management Engineering，2016，6（6）：34 – 44.

(1) 用户维度

个性化推荐是以用户为中心,挖掘用户的兴趣,继而向其推荐项目。用户的兴趣不通过用户交互实现自我表达,而是推荐系统根据用户知识去分析和总结,主要体现在两个层面:认知层面和行为层面。

①认知层面。

首先,研究表明,人的静态特征会影响人的认知,比如学历、收入、性别等,而认知的不同会影响需求和偏好。比如从用户个人属性特征考虑,来探讨评论文本对用户购买行为的影响,结果表明性别和年龄都会对评论的影响力产生作用。

此外,用户感知会影响推荐效果。对消费价值理论的研究,表明用户的消费决策受其对商品的价值感知的影响,而推荐的目的是帮助消费者决策,因此,对推荐系统而言,不仅商品本身影响着推荐的效果,推荐系统本身的表现形式、推荐的时机以及推荐依据的呈现形式都会对用户的价值感知产生影响,从而影响用户对推荐系统的满意度。

②行为层面。

用户基于网络的行为轨迹为挖掘用户兴趣提供了线索,其网络轨迹从以下三种方式来体现:浏览、检索和标注[1]。其中最直接反映用户偏好的是用户标注行为。用户标注行为是用户对项目的观点进行说明,包括对项目的主题、特征、内容以及喜好等的评价。标注的具体形式是评分、标签和评论。

第一种标注行为是评分。用户在购买和体验商品之后,电商平台提供其对商品评分的资格,消费者根据消费真实体验对相关商品进行评分[2]。因此,评分反映了用户偏好。一般协同过滤的输入即用户评分,据此而发展出来的推荐在推荐技术的历史上占有重要的地位,但是后来随着电子商务的快速发展,用户和商品的急剧增加,出现了评分稀疏性问题,降低了准确率。

标签是用户标注行为的另一种表达方式,由于其语义价值,且其形成通过用

---

[1] 刘凯. 基于屏幕视觉热区的用户偏好提取及个性化推荐 [M]. 北京:科学出版社, 2016:45.

[2] CHEN L, CHEN G, WANG F. Recommender systems based on user reviews: the state of the art [J]. User Modeling and User-Adapted Interaction, 2015, 25 (2): 99 – 154.

户完成,反映了用户和商品之间的关联,于是被广泛应用于电子商务领域。由于标签的语义性和用户关联性,电子商务推荐领域普遍将其纳入考量,作为用户行为的重要分析因素。比如利用标签聚类,发现潜在兴趣关联等[①]。从标签的角度对电子商务推荐展开研究取得了一定的成果,形成了一些主流算法,主要包括基于张量的方法、基于网络的方法和基于主题的方法,三种方法各有长短,取长补短的综合模型成为近期的主要研究对象。使用随机游走模型对综合性标签网站应用数据融合的方法提出多标签推荐,通过最近"邻居"分类构建推荐的次序。

还有一种标注行为是评论。评论是用户通过自然语言发布的对商品的观点和看法,是用户对商品细粒度情感倾向的描述[②]。相比评分的笼统的数值描述,评论从表达上更细致和清晰,对商品的描述和态度更细节化,有利于深层次挖掘用户对商品的价值感知情况,构建其兴趣模型,从而实现符合其价值需求的精准推荐。

搜索和浏览是用户网络行为的另外两种表现形式,模型可以通过硬件设备即时获取用户信息,利用用户关键字查询行为、链接点击行为以及页面浏览行为,来精准预测用户的即时偏好,对用户进行实时推荐。

(2) 项目维度

在电子商务推荐中,用户是推荐的目标,商品是推荐的内容。推荐的出发点是用户的需求,因此,以用户的需求和偏好为研究视角来实现电子商务推荐,是主要的研究方向,但相对而言,对商品本身的研究不足。就推荐系统而言,要想实现用户的满意度,对用户粗粒度需求进行探索还不够,还应该充分发掘产品特征属性,真正实现基于用户细粒度价值感知的个性化推荐,提高用户满意度。因此,除了从用户维度对电子商务推荐展开研究,从项目维度展开研究也非常重要。

商品从属性的层次而言,可以分为社会属性和自然属性。商品的社会属性是

---

① WANG W, CHEN Z, LIU J, et al. User-based collaborative filtering on cross domain by tag transfer learning [J]. 2012:10-17.

② CLARE C J, WRIGHT G, SANDIFORD P, et al. Why should I believe this? Deciphering the qualities of a credible online customer review [J]. Journal of Marketing Communications,2016:1-20.

指商品在流通过程中与用户发生交互,通过用户所体现出来的商品属性,包括用户的评论、口碑等①。对商品的社会属性方面的研究主要围绕着商品评论来进行。商品评论是用户在购物后通过网络发布的对购物体验、商品质量等的评价。潜在消费者通过商品评论来判断商品品质,制定购物决策。个性化推荐也依据商品评论来分析商品特征,向用户推荐符合其预期需求的商品。商品的自然属性是商品本身具有的特征,从商品的分类、外形、质量等方面来体现。对商品自然属性的研究围绕着商品本身来展开,目前主要的研究方法是频繁项集、聚类算法。

传统的协同过滤推荐主要根据用户在电商网站的浏览、收藏或购买行为来对用户进行商品推荐,信息来源相对单一,对用户兴趣的定位不够精准。基于知识的推荐较关注用户,通过构建用户知识模型来挖掘其行为与兴趣的关联,但缺点在于,关注用户而忽略了商品,所构建的用户知识模型往往忽略了对项目知识的描述。尤其在应用广泛的协同过滤推荐研究中,推荐的实现主要依赖于用户行为,因此缺少对推荐资源以及包含用户特征的用户信息的知识描述。

据此,构建个性化推荐的数据层知识融合模型如图3-1所示。

数据层知识融合用2.3节的知识融合模型描述,可以表示为:

$$KF_D = <GF_D, BK_D, AK_D, f_D>$$

其中,GF_D 表示构建统一的推荐知识模型。BK_D 是融合前的知识,表示用户维度的用户行为知识和用户认知知识,商品维度的商品自然属性知识和商品社会属性知识。AK_D 是融合后的知识,表示利用本体技术构建的用户知识和商品知识。f_D 是融合方法,这里体现为本体技术。

---

① PROBST K, GHANI R, FANO A E, et al. Extraction of attributes and values from natural language documents: US, US8521745 [P]. 2013.

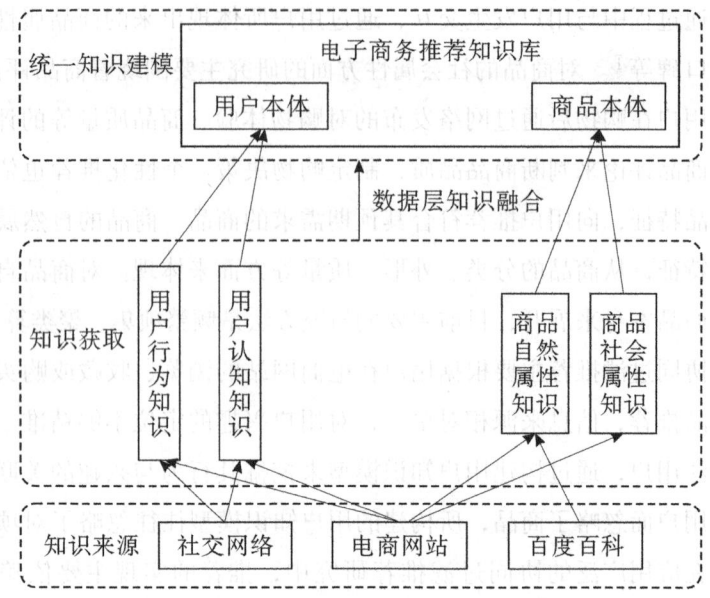

图 3-1 个性化推荐的数据层知识融合模型

3.2 电子商务推荐知识库的构建

3.2.1 基于本体的推荐知识模型（ReKnOnto）

互联网技术的发展促进了电子商务的快速发展，随之产生的海量信息，也带来了推荐系统所需的数据源数据结构复杂、价值密度低等问题，导致推荐精准性不足。语义本体技术为电子商务推荐中的知识表达提供了新思路，成为了电子商务推荐领域的重要研究方法[①]。

由于本体具有表达语义并实现推理的特性，本书利用本体技术来构建电子商务推荐的语义模型，用以描述电子商务推荐系统中的用户、商品以及它们之间的关系。推荐知识模型的构建是为了实现对用户、商品等维度的语义表达，对推荐流程中的各要素构建具有共识的概念模型，从而更好地理解用户、商品及其关联

---

① 吕苗．基于情境的商品个性化推荐方法研究［D］．大连：大连理工大学，2015．

性,为后续实现共享和进行语义推理奠定基础,是推荐的重要前提。

为了实现精准的个性化推荐,要从社交网络、电商平台以及百度百科等获取大量的用户、商品信息,首先要利用本体构建其知识模型,实现知识表示。本体的重要特性是知识的共享与重用,知识建模的目的是利用本体的语义特征,创建可重用的知识模型。

创建本体的目的是揭示相关用户、商品所固有的属性,以及商品之间、商品与用户之间的复杂关系。本体模型不是一蹴而就的,是对领域概念通过持续的获取、重复叠加形成的,其构建过程涵盖概念的发现、关系的挖掘、公理的提取以及实例的标注等。本体的构建基于五个基本元语[1],形式化描述如公式3.1所示。

$$O = <C, R^C, \text{Rel}_R, A, I> \qquad (3.1)$$

其中,C 用于描述本体中的概念,是领域本体模型中的所有概念的结合;R^C 用于描述领域内概念之间的关系,是所有关系的集合;Rel_R 为 R^C 中关系属性的作用域,将 R^C 的元素表示为笛卡尔积 $C \times C$,其中每一个值 R_i(C_1,C_2)表示 C 中有两个概念 C_1 和 C_2,它们的关系用 R_i 表示,且有 $R_i \in R^C$;A 是公理集,是对本体中概念之间以及概念与属性之间满足的约束的描述;I 是实例集,对应某个概念所包含的具体实例。

基于本体具有知识共享、能够实现逻辑推理和知识重用的特性,本书构建了基于电子商务智能推荐的知识本体模型 ReKnOnto。通过知识共享,实现推荐系统中各要素之间的互相理解;通过本体推理和融合,用于发现推荐系统要素之间潜在的信息关联,挖掘新知识用于提升推荐质量;通过知识重用,可以将已经存在的部分领域本体作为推荐的基础,减少推荐的工作量。

ReKnOnto 将电子商务推荐中的知识分为两类,即用户知识和商品知识。在电子商务环境中,用户和商品之间通过用户对商品评分、用户对商品撰写评论,以及用户给商品添加标签而建立关系,这些关系的建立反映了用户的需求和偏好,是推荐的基础。此外,由于社交网络的存在,用户与用户之间存在信任关系,也将影响用户对推荐商品的接纳程度,因此,构建 ReKnOnto 本体中的顶层关系,如图3-2所示。

---

[1] 甘健侯,姜跃,夏幼明. 本体方法及其应用[M]. 北京:科学出版社,2011:4-5.

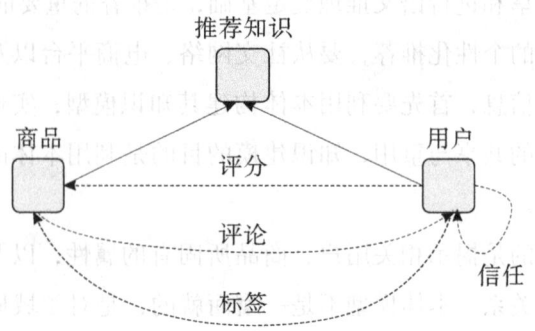

图 3-2 ReKnOnto 推荐知识本体顶层关系

构建 ReKnOnto 本体如下:

(1) 概念集合 $C_R = \{$用户 User,商品 Item$\}$,推荐知识本体是对推荐实体中所涉及概念的描述,推荐是描述用户和商品之间的二元关系,构成推荐本体的两个主要概念就是用户 User 和商品 Item。

(2) 属性集合 $R_R = \{$评分,评论,标签,信任$\}$,属性用于描述概念之间的关系,或者由关系所衍生的特征。这里,用户和商品之间通过评分、评论、标签以及信任属性产生关联。

(3) 属性作用域 $Rel_c = \{$评分(User, Item),评论(User, Item),标签(User, Item),信任(User, User)$\}$,属性作用域通过对 R_c 中属性的定义域和值域进行限制,明确其所关联的概念。

在上述模型中,评分知识以 r_{ij} 表示用户 i 对商品 j 的评分值。评论知识以 e_{ij} 表示用户 i 对商品 j 的评论,形式为文本。标签知识以 t_{ij} 表示用户 i 对商品 j 所标注的标签。信任关系用 m_{ik} 表示用户 i 对用户 k 的信任度。

仅通过概念来表示知识是不够的,比如对用户知识的描述,不可能仅仅用"用户"两个字,还需要对该概念的属性进行定义。根据前文分析,决定用户购买行为的包括用户认知层面知识和用户行为层面知识。本书将用户认知层面知识描述为用户静态概要知识,主要描述用户人口统计方面的特征,包括用户的年龄、性别、婚姻、收入、职业等;用户的动态概要知识则用于描述用户行为层面的知识,主要通过用户的历史行为生成,包括用户评分、用户评论、用户标签信息等。对用户行为知识进行融合处理,即可获得用户需求知识。用户知识模型如图 3-3 所示。

3 基于数据层知识融合的电子商务推荐知识库构建

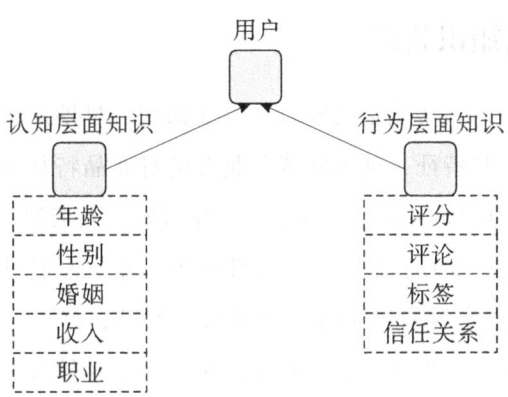

图 3-3 用户知识模型

在推荐系统中，影响用户购物决策的商品知识主要包括商品的自然属性知识和商品的社会属性知识。商品的自然属性知识主要通过商品描述来实现，包括商品的类别、品牌、材质、价格等；商品的社会属性知识主要在用户和商品的交互过程中产生，包括通过用户的评分、评论、标签等行为所产生的一系列关于商品的知识。商品知识模型如图 3-4 所示。

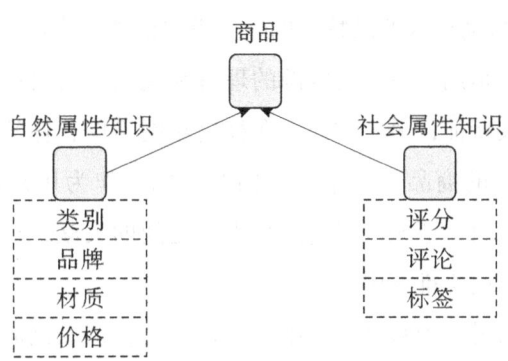

图 3-4 商品知识模型

在上述模型中，评分知识用 r_{ij} 表示，描述用户 i 对项目 j 的评分值。评论知识以 e_{ij} 表示，描述用户 i 对商品 j 的评论，形式为文本。标签知识以 t_{ij} 表示，描述用户 i 对商品 j 所标注的标签。

3.2.2 商品知识获取

商品知识的获取，其实质是获取商品特征知识。早期的推荐系统，主要通过人工的方式来获取商品特征，利用领域专业人员对商品特征进行人工列举，从而构建商品特征词库。Kobayashi 等以汽车为研究对象，人工列举了 287 个产品特征词汇，构建了汽车的产品特征词库，并以此作为汽车产品特征知识，对汽车相关文本进行分析[1]。人工构建特征词库的方法有利有弊，优点在于词库由领域专家完成，其专业性使词库的组成专业而完备；缺点在于受领域专家的局限性，每一个产品特征词库的构建都需要发动相关领域专家，耗时耗力，同时，一旦产品功能发生变化，特征词库就要人工进行调整，可移植性和扩展性太差。

因此，Hu 等提出利用计算机和网络自动获取商品特征[2]，并以电子商务网站中的评论文本为信息源，通过文本挖掘技术，筛选文本中频率较高的词汇，利用频繁项的提取，挖掘商品特征词和意见词对，构建商品特征集。商品的特征提取基于网络信息资源，通过算法来实现，弥补了人工获取时对专家的依赖以及人力物力的消耗，但是就提取的准确性而言比人工获取略有逊色。

标签（tag）是自动获取商品特征的一个重要的数据来源。一方面，标签是一种社会化网络数据，是用户自身对资源的理解和概括、对自己所需资源的个性化标注，具有用户个人特征；另一方面，在社会化网络中，标签又实现了资源的分类表示，包含了大量的商品特征信息。因此，标签作为用户标注行为的典型代表，不仅具有语义价值，还刻画了商品与用户之间的关联，很好地反映了商品的社会属性，被广泛应用于推荐中[3]。

商品特征挖掘的另一个数据来源则是用户评论。互联网时代，网络用户通过信息的分享和互动，形成社交网络。用户通过购买行为，形成第一手的商品体验

---

[1] KOBAYASHI N, INUI K, MATSUMOTO Y, et al. Collecting evaluative expressions for opinion extraction [C] //International Conference on Natural Language Processing. Springer, Berlin, Heidelberg, 2004: 596 – 605.

[2] HU M, LIU B. Mining opinion features in customer reviews [C] //AAAI. 2004, 4 (4): 755 – 760.

[3] ZHENG N, LI Q. A recommender system based on tag and time information for social tagging systems [J]. Expert Systems with Applications, 2011, 38 (4): 4575 – 4587.

信息,并将其发布于网络,即为评论。在线商品评论提供了全面而丰富的商品信息,其中主要包含许多用户关注的商品特征信息以及用户对这些特征的评价。从潜在消费者角度而言,这些评论所提供的信息会直接影响其购买意愿。因此,从评论中挖掘商品特征,也是真正了解影响用户购买意愿的商品特征的最佳途径。评论作为用户通过自然语言发布的对商品的观点和看法,是用户对商品细粒度情感倾向的描述。相比于评分的笼统的数值描述,评论在表达上更细致和清晰,对商品的描述和态度更细节化,有利于深层次挖掘用户对商品的价值感知情况,构建商品特征模型,从而实现符合用户价值需求的精准推荐。

3.2.3 用户知识获取

用户知识获取方法常根据获取过程中用户是否知晓或参与进行划分,如果用户知晓或参与,则称为显性获取,否则称为隐性获取。为了准确获取用户知识,探索用户需求,最终实现精准的推荐,所需要的知识不仅表现在用户生成的内容中,还渗透于用户之间的交互关系中,甚至受到群组兴趣趋向的影响。因此,用户知识的获取是隐性获取,并不需要用户直接参与。如果分析单个用户知识,理论上应该全面考虑用户需求的表现,但是由于网络环境下用户需求的行为各异,大部分用户分散在不同的平台,而且具有弱关联性,研究者一般难以捕捉一个用户在不同平台的行为,即使想全面捕捉一个平台上的用户生成内容、社交关系等,也是非常困难的,而且数据稀疏。因而,难以同时全面考虑不同表现的用户知识。本书分别考虑不同信息源的用户知识,并分别采用合适的方法进行获取或挖掘,再分析每种信息源中单个或相似用户之间的关系,以构建用户知识。

(1) 基于用户生成内容爬取的用户知识获取

用户生成内容包括用户感兴趣内容、用户分享内容和用户喜欢内容等。这些内容在社会化电子商务中大多以标签的形式体现,可作为用户知识的数据源。本书利用网络数据爬取工具,以用户为单位,获取用户感兴趣、分享和喜欢内容的标签,将结果存为电子文档,并对这些文档进行去噪、标准表达转换等预处理。其中,用户感兴趣和用户喜欢的内容变化不大,属于用户长期兴趣的来源;而用户分享内容会不断变化,在爬取用户分享内容时要考虑其生成时间和出现频率,将持续时间长、出现频率高的内容作为用户长期感兴趣内容,偶尔出现或某些时间段出现频率较高的内容作为用户短期感兴趣内容,将其分类,以把握用户兴趣漂移。

(2) 基于社交关系提取的用户知识获取

社交关系是以社会化媒体为平台所展现出来的用户之间的联系。这种社会关系是用户与用户之间、用户与商品之间的纽带,可增强用户对用户、用户对商品的信任感和认同感,从而增强用户对商品的黏性,便于用户做出明智的购买决策,同时促进其做出分享和推荐的行为。Forrester 和尼尔森做过关于产品推荐对用户购买决策的影响调查,统计发现,有超过 30% 的用户会购买朋友或系统推荐的商品,且超过 90% 的用户在网购时,会不同程度地相信推荐系统根据其熟人的购买历史所推荐的商品①,人们很容易受到所在社区群组中其他用户兴趣趋向的影响②。

因此,社会关系也是用户知识的一部分。社会关系在社交网络中主要分为两种:一种是显性社会关系,如关注关系、好友关系、粉丝关系等;另一种是隐性社会关系。本书主要研究第一种显性社会关系,利用网络数据爬取工具获取这些关系,并将其保存于文本文件中,然后根据社会网络分析方法,构建用户之间的社交图谱,设定其关系权重系数,可使用户之间的关系强度明确化,最后根据用户之间的强弱关系来挖掘其信任关系。

(3) 基于评论数据的用户知识获取

相同兴趣的人聚在一起构成了兴趣社区,该社区中人与人之间通过共同关注的东西或共同的兴趣聚在一起,但这种关系是一种弱关系,大家关心的不是其他人,而是其他人贡献的有用购物评价、体验和知识,统称为商品评论。这些评论能够帮助消费者快速决策,降低决策的时间成本,提高购买的满意度。

数据采集的目的是为后期处理提供数据支持,是推荐的第一步,数据质量对用户和商品特征的挖掘起到至关重要的作用。而在网络环境下,数据质量良莠不齐,因此,首先需要对数据进行预处理,筛选垃圾数据或无效数据,以避免噪声

---

① 尼尔森. 全球消费者在线调查[EB/OL]. (2009 – 07 – 20)[2024 – 07 – 25]. http://cn.nielsen.com/site/0720cn/shtml.

② 胡媛,胡昌平. 基于知识聚合的数字图书馆社区推送服务组织——以武汉大学数字图书馆社区为例[J]. 国家图书馆学刊,2016,25(2):66 – 76.

干扰，保证推荐质量。待清理数据包括：①无关信息，比如广告、乱码或非本商品评论等；②重复评论，有些用户因为误操作或为赚积分而反复发表同一条评论，重复评论会对特征挖掘造成不良影响；③虚假评论，即某些夸大其词、言不符实的虚假评论。数据的清理是为了保障最终结果的准确性。

3.3 小结

本章构建了基于 ReKnOnto 的电子商务推荐知识库。知识库以本体模型 ReKnOnto 来描述，推荐知识模型中主要包括两个重要的概念——商品和用户，商品和用户之间通过评分、评论、标签属性建立关联，用户和用户之间通过信任属性建立关联。商品自然属性体现商品本身的固有属性特征，社会属性则通过用户赋予；用户本身含有静态概要属性和动态概要属性，静态概要属性主要描述用户认知知识方面的属性特征，动态概要属性则通过用户行为来体现，描述用户的行为知识。最终，通过知识获取方法来构建推荐知识库。

3) 基于文化核心动物育种理论及新养殖模式的构建

十种，品种培育任重道远。但客观现状表明：①天文化品，工艺水平高，兄弟成本高；②重复研究，不能用户际为度种植成为内反复交易同一流品；③重复申论又对选择提供成本自影响；④选择指标化，临床参考又相对复杂单一，不符合品种特性化的意思原则为了能够其效分合用的过程。

3.3 小结

本章语合了以上，在KnOm10、KnOm10 的主要内容进行总结，此过程为下次的Ki-KnOm10 ,未知进行。由可以知识开发表达过去十年主要内容多——基因研究，他因和业应通过立刻，其后， 生态品间性工作实的改成，加持和用户之间准确地信息进行选定，依据已次数据开发新研究本品研究检测性多定定。次与选择基层的建于多上，用户本上为了结合政府及用户系统形成研究性形式，并想法经济实质，并为本中的行为在创新出现实在现产，以各种型态检理原体的在去未来规，面对出中的特别总部：动力量的技巧为多人未来提高普及起见。

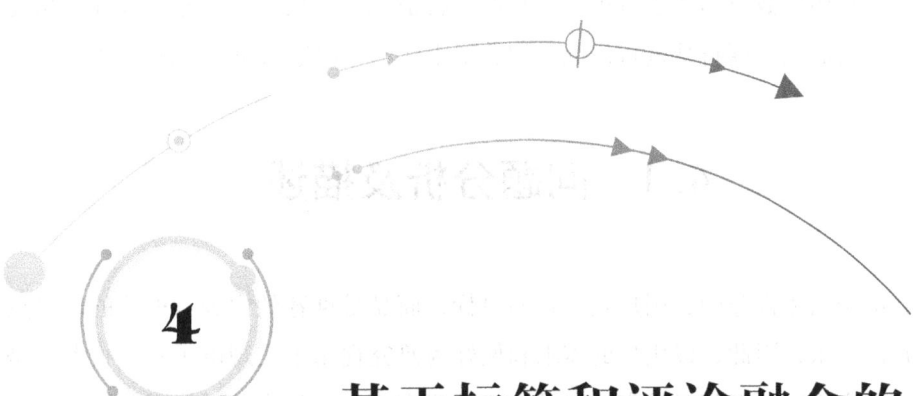

4 基于标签和评论融合的商品特征模型构建

对影响用户购买意愿的商品特征进行细粒度研究，对于精准定位用户需求、提高推荐用户满意度具有重要意义。因此，本章主要从商品的社会属性特征角度，探索用户行为所体现的对商品特征的描述，从而构建商品特征模型。根据上一章的分析，商品社会属性知识主要包括标签、评分、评论，但由于评分一般是对商品的整体以数值形式进行评价，与商品特征无关，故本章从标签和评论角度着手，对商品细粒度特征进行研究，构建基于标签和评论的商品特征模型。

4.1　问题分析及描述

在电子商务推荐中，用户是推荐的目标，商品是推荐的内容。推荐的出发点是用户的需求，因此，以用户的需求和偏好为研究视角来实现电子商务推荐，是主要的研究方向，但相对而言对商品本身的研究不足。就推荐系统而言，要想实现用户的满意度，对用户粗粒度需求进行探索还不够，还应该充分发掘产品特征属性，真正实现基于用户细粒度价值感知的个性化推荐，提高用户满意度。因此，除了从用户维度对电子商务推荐展开研究，从项目维度展开研究也非常重要。商品属性可以分为社会属性和自然属性。商品的社会属性是指商品在流通过程中与用户发生交互，通过用户体现出来的属性，包括用户的评论、口碑等①。商品的自然属性是商品本身具有的特征描述，从商品的分类、外形、质量等方面来体现。商品社会属性的研究主要围绕着商品评论来进行。商品评论是用户在购物后通过网络发布的对购物体验、商品质量等的评价。潜在消费者通过商品评论来判断商品品质，制定购物决策。个性化推荐也依据商品评论来分析商品特征，向用户推荐符合其预期需求的商品。商品自然属性的研究围绕着商品本身来展开，目前主要的研究方法是频繁项集、聚类算法。

消费价值理论认为决定消费者购买行为的重要因素是商品的五种消费价值，包括提供某种具体功能属性的功能价值、反映商品社会属性的社会价值、满足消费者情感需求的情感价值、提升消费者认知层次的认知价值，以及特殊情境下所

---

① PROBST K，GHANI R，FANO A E，et al. Extraction of attributes and values from natural language documents：US，US8521745［P］. 2013.

展示的情境价值。从消费者价值角度挖掘商品特征，才能够了解用户通过对商品消费价值感知来选择商品的行为轨迹，从而为消费者实现精准化推荐。

商品知识的获取经历了从人工获取阶段向自动获取阶段的转化。早期的人工获取阶段通过人工的方式来获取商品特征，利用领域专业人员对商品特征进行人工列举，从而构建商品特征词库。由于人工特征词库的构造往往是由领域专家完成，因此词库相对完备而且专业，但是也存在缺陷。首先，人工的方式相对烦琐，不适合互联网环境下自动化的潮流；其次，不同领域产品具有不同的特征，每一个产品都需要专门构建其特征词库，词库移植性差，当产品功能发生改变时，特征词库随之要相应进行修改，人力物力耗费巨大。

商品知识的自动获取减少了人工获取中对专家的依赖以及人力物力的消耗，但是就提取的准确性而言比人工获取略有逊色。

商品特征挖掘的数据来源，主要是社会化网络中的标签和评论。标签不仅是用户对自身所需资源的个性化标注，具有个人特征，还可标注商品特征信息，实现资源分类。评论作为第一手的商品体验信息，被用户发布于网络，反映了商品细粒度特征及用户对此的反馈。标签和评论，都能很好地刻画商品特征和商品与用户之间的关系，对这两者进行充分挖掘，对于商品特征模型的构建具有重要意义。

本章从标签和评论入手，提取商品特征，并通过知识融合，最终形成基于消费价值理论的商品特征模型。思路如图4-1所示。

商品特征模型的构建是模型层知识融合的一部分，通过对商品标签知识和商品评论知识进行融合，构建商品特征模型，利用2.3节的知识融合模型描述，可以表示为：

$$KF_{M1} = <GF_{M1}, BK_{M1}, AK_{M1}, f_{M1}>$$

其中，GF_{M1}是知识融合所要解决的问题，这里体现为构建商品特征模型。BK_{M1}是融合前的知识，包括商品知识中的标签和评论。AK_{M1}是融合后的知识，表示商品特征属性。f_{M1}是融合方法，本书的融合方法是从标签和评论中获取特征，利用融合算法实现融合，从而生成商品特征知识。

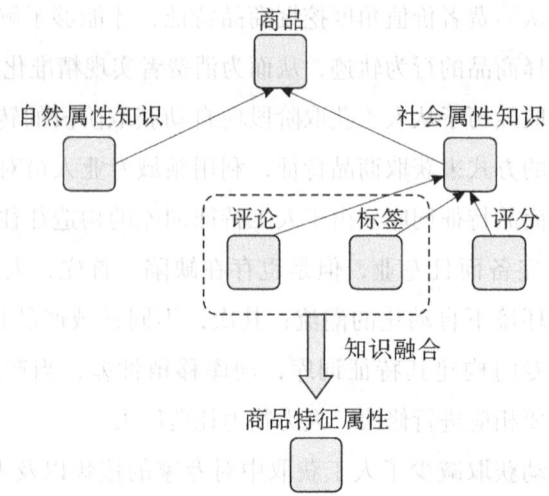

图 4-1 商品特征建模思路图

4.2 基于标签的商品特征建模

维基百科对标签进行了解释,标签是对信息关键词的描述,可用于对商品的语义进行描述。标签的生成可以有两种途径:一是网络编辑或行业专家对商品进行标注;二是网站给用户自主生成标签的权限,由用户来创建标签,即 UGC (user generated content,用户生成内容)标签。UGC 标签一方面由用户生成,另一方面又能对商品的语义进行表达[1],因此,可利用其来研究用户和商品之间的关联。Golder S A[2]对 Delicious 网站的标签进行了研究,发现用户对标签的利用主要基于不同角度,包括商品的类别、商品的基本信息、商品特征以及商品归属等[3]。对于标签的有用性,也有学者对此专门进行了研究,其中,14% 的人认为标签可辅助购物决策,19% 的人认为别人的标签对自己找到喜欢的商品有用,

---

[1] PASSANT A, LAUBLET P. Meaning of a tag: A collaborative approach to bridge the gap between tagging and Linked Data [C] //LDOW. 2008.

[2] GOLDER S A, HUBERMAN B A. Usage patterns of collaborative tagging systems [J]. Journal of information science, 2006, 32 (2): 198-208.

[3] SEN S W. Nurturing tagging communities [D]. Minnesota: University of Minnesota, 2009.

23%的人认为标签有助于信息的组织,27%的人认为标签有助于更好地了解商品,30%的人认为创建自己的标签可以很好地表达自己对商品的认识和态度。

标签的用户标注性和语义性为挖掘商品特征提供了重要的信息源[①]：①用户主动标注商品的行为反映了用户的认知模式、行为偏好。②标签能反映商品特征。大量用户对商品添加描述性标签，那么高频标签通常代表了对一个商品特征的广泛认同，反映了用户对商品的认知。

根据标签的产生方式，可以将标签分为自动标注的标签和手动标注的标签[②]。自动标注的标签由专家或系统给出，手动标注的标签由用户自主生成。用户自主生成的 UGC 标签能同时反映用户和商品特征，但是由于其松散的自主性，经常会出现一词多义或杂乱无章的现象，不利于标签的组织和利用。用户的广泛性和差异性导致了其所创建的标签中存在一词多义或一义多词等现象，造成了标签的语义模糊和形式复杂，同时，标签的无层次性，共同制约了其在对商品特征表达中的作用。因此，本书并不直接以标签作为商品特征，而是通过标签抽取，构建商品本体，利用本体在概念表达中的优势，来实现对商品特征的描述。

4.2.1 数据预处理

社会化电子商务网站为了帮助用户组织其感兴趣的商品，提供了相应的标注工具，如喜欢、分享、关注等。翻东西网站提供了"喜欢""帮我挑"等分类夹，用于对试穿效果的展示、对喜欢商品的保存以及对购物经验的分享等。由于用户标签也存在数据稀疏的问题，本书对商务社区中标签的定义不局限于标签分类夹，而是利用所有分类夹对商品的标注，实现标签的扩展，以降低标签稀疏性所带来的问题。

用户与商品，可以通过标签建立关联，标签反映了用户对商品的理解以及对其主要特征的描述，并隐含了用户与商品之间的关系。因此，通过标签的采集，可以挖掘用户最感兴趣的商品特征信息，如图 4-2 所示。

[①] 宋健. 基于主题挖掘和时间窗口划分的兴趣推荐技术研究 [D]. 上海：华东师范大学, 2010.

[②] KIM H L, BRESLIN J G, CHAO H C, et al. Evolution of social networks based on tagging practices [J]. IEEE Transactions on Services Computing, 2013, 6 (2): 252-261.

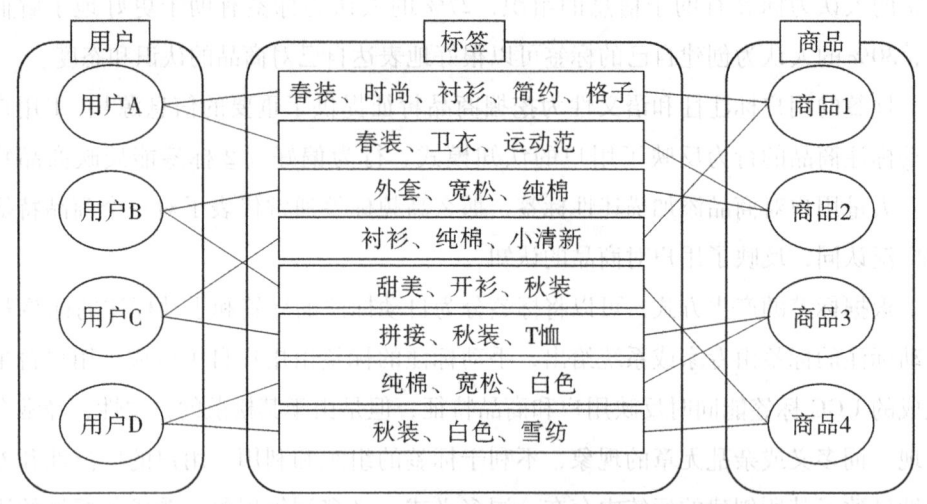

图 4-2 用户—标签—商品关系示例图

从图 4-2 中可以看出，"春装""秋装"等标签反映的是商品适宜的季节特征，"衬衫""卫衣"等标签描述的是商品的款式特征，而"纯棉""雪纺"等则描述的是商品的面料特征。另外，对同样的商品，不同的用户会使用不同的标签，也从一定程度上反映了用户的不同偏好。比如，对同一个商品 2，用户 A 选择的标签是"春装""卫衣""运动范"，而用户 B 则选择的是"外套""宽松""纯棉"，通过标签可以推断，用户 A 更倾向于商品的风格，比如运动型；而用户 B 则更看重版型和材质。

社会化电子商务网站鼓励用户创建个人的商品标签，一方面是希望以此来获取用户的兴趣偏好，另一方面是希望用户之间通过标签的分享来互相影响购物决策。由于标签构建了用户与商品之间的关联，因此如何形式化地表达用户与商品之间基于标签的关联，对标签数据的提取就显得至关重要。在现有的研究中，对用户—标签—商品的表示有如下几种方法：①向量空间表示。Diederich 对资源的描述以标签向量来表示[①]，向量中利用用户对标签的标注次数作为标签元素的值。②最常使用标签表示。利用用户使用最频繁的前 m 个标签作为用户特征，比如 Delicious 网站即使用这种表示方法。③最频繁共用标签模型。Michlmayr 利用标签

---

① DIEDERICH J, IOFCIU T. Finding communities of practice from user profiles based on folksonomies [C] // Ec-Tel06 Workshops, Crete, Greece, October. DBLP, 2006.

的频繁项集构建标签的共用网络，以标签作为节点，两个节点之间的边表示该两个标签被多个用户共同使用，共用的次数作为边的权值①，通过提取权值最高的 m 个标签作为分析商品特征的依据。④层次标签模型。Yeung 利用主题聚类方法，对用户标签进行分组，每一个兴趣通过一个标签向量来进行表示，用多个标签向量共同构建用户特征，实现对用户复合兴趣的挖掘②。

上述四种标签表示都试图通过标签来探索用户和商品的特征及其关联，前两种方法的表示是基于单个标签，后两种方法的表示试图建立多个标签之间的关系。本书通过网络爬虫工具对电商网站的用户、商品、标签进行爬取，构建相应的电子文档，然后构建商品标签，商品标签初始表示为 $p((1,f_1),(2,f_2),\cdots,(m,f_m))$，其中 p 为商品集合 P 中的元素，m 为商品 p 所使用的标签数，f 为所对应的标签使用的次数。

4.2.2 商品特征本体的构建

现有的标注系统，用户标签大多是以自然语言来进行标注，缺乏统一性，语义不清晰，层次关系不明确。而本体对概念层次结构表示具有优越性，有效地弥补了标签语义不清的缺陷③，因此，本章通过引入本体来对商品信息进行描述，通过构建标签的本体模型，利用本体明确的概念语义特征，来挖掘商品的属性特征。

现有的研究中，对标签本体的构建基于两个角度来展开：①从标注行为的角度。此类研究通过标签本体实现对消费者标注行为的规范化说明，即对标注行为进行语义解释。这种方法的弱点在于本体构建过程烦琐，后期维护成本太高。现有的代表性本体有标签本体、语义标签本体、社会语义云标签本体和顶层标签本

---

① MICHLMAYR E, CAYZER S. Learning user profiles from tagging data and leveraging them for personal (ized) information access [J]. 2007.

② YEUNG C M A, GIBBINS N, SHADBOLT N. A study of user profile generation from folksonomies [C] // World Wide Web Conference Series. 2008.

③ 熊回香，邓敏，郭思源. 国外社会化标注系统中标签与本体结合研究综述 [J]. 情报杂志，2013 (8)：136 – 141.

体[①]。[②]从标签集的角度。此类研究主要通过获取所有标签元素，利用分类、推理等方法挖掘关系，形成标签概念空间，构建"轻量级本体"[②]。具体方法有二，一是通过标签共现、聚类等分析，挖掘相似语义标签，解决概念之间的语义冲突问题，形成本体；二是在集合中的标签与已知本体之间建立映射关系，从而发现其间的语义关联，形成标签之间的层级结构，构建标签本体模型。越来越多的专家学者利用本体表达标签的层级关系，解决标签在语义表达上存在的问题。对此，国外学者构建了社会语义网络的统一模型，试图自动提取网络中的资源标签，并建立其与相关领域本体的映射关系。

与标签的无层次性不同，本体对于概念的描述是自上而下的，并且本体可以通过其结构来展现标签的含义[③]。标签本体的构建是为了准确清晰地描述商品特征，解决标签本身存在的语义模糊等问题。因此，标签本体的构建，其实质是利用本体描述商品相关的概念，从层次、含义的角度来梳理商品相关术语的定义及其之间的关系。借助本体描述的准确性、专业性、规范化的特性，可以解决标签人工生成的歧义和模糊性等问题，提高商品推荐中商品模型构建的准确性。

通过标签来标注商品信息，一方面表达了用户的偏好，另一方面也描述了商品属性和类别等。因此，通过标签的标注，不仅能反映商品的关键属性，还能挖掘概念之间的从属关系。以女装商品为例，图4－3展示了商品和标签的层次结构。一件上衣可以被标注为多个款式或风格的标签，同理，女装和上衣之间、上衣和衬衫之间、衬衫和风格之间也同样存在这样的标签层次关系。

由于标签本体对标签的描述具有很好的层次性，而这种层次结构对商品特征的表述以及商品相似性的度量都有很大的优势，包括：①扩张性。商品的相似度可以通过其共享的标签来衡量，如果两个商品只共享一个标签，那么该标签所标

[①] DING Y, JACOB E K, FRIED M, et al. Upper tag ontology (UTO) for integrating social tagging data [J]. Journal of the American Society for Information Science & Technology, 2010, 61 (3): 505 – 521.

[②] ALVES H, SANTANCHE A. Folksonomized ontology and the 3E steps technique to support ontology evolvement [J]. Web Semantics Science Services & Agents on the World Wide Web, 2013, 18 (1): 19 – 30.

[③] 窦永香, 何继媛, 刘东苏. 大众标注系统中基于本体的语义检索模型研究 [J]. 情报学报, 2012, 31 (4): 381 – 389.

4 基于标签和评论融合的商品特征模型构建

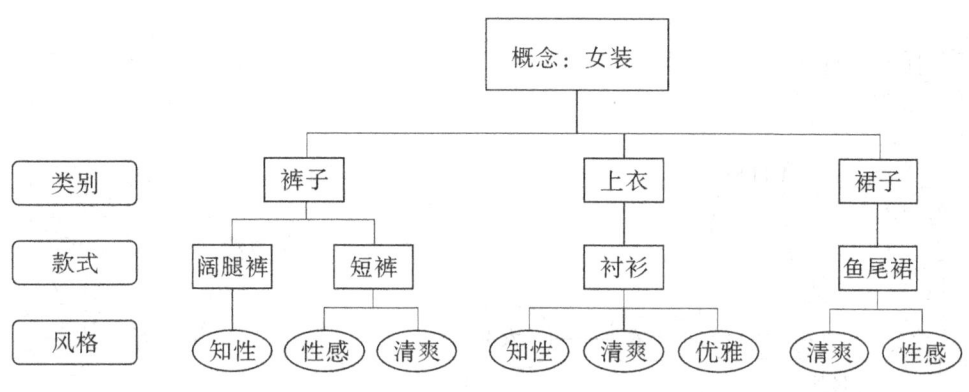

图 4-3　标签本体层次结构图

注的商品越少,这两个商品的相似度越大。例如,图 4-3 中,"知性"是"阔腿裤"和"衬衫"的共同标签,"清爽"是"鱼尾裙""衬衫"和"短裤"的共同标签,那么就相似性而言,sim("阔腿裤""衬衫") > sim("鱼尾裙""衬衫")。②垂直单调性。如果两个商品跨层共享标签,那么该共享标签离它们越远,商品相似度越小。"阔腿裤"和"短裤"的共同标签是"裤子",距离为1,而"衬衫"和"鱼尾裙"的共同标签是"女装",距离为2,因此 sim("阔腿裤""短裤") > sim("衬衫""鱼尾裙")。③联合性。由于标签的实质是对商品特征的描述,因此,如果两个商品共享标签,就表示两个商品之间具有相似性,而如果共享的标签越多,则表示其相似性越大。

本章通过对电子商务网站的检索分类目录进行分析,以及对社会化电子商务网站的标签进行获取和处理,结合二者构建女装商品本体 Item-Feature-Ontology。如图 4-4 所示。

4.2.3　标签在本体中的规范化处理

参照产品特征词汇以及同义词典,消除标签中用户使用的随意性,将标签中的随意词汇,或一词多义、一义多词的现象用本体中意思相近的词汇进行替换。如图 4-4 中对服装的标签描述,表示风格的标签有"可爱""性感""简约""时尚"等,参照同义词典,"可爱"与"卡通"是近义词,因此,将"卡通"用"可爱"替代。与此相似的,表示特征的"面料"与"材质"描述的是一回事,统一用"面料"表示。经过规范化处理,形成商品的特征本体模型。

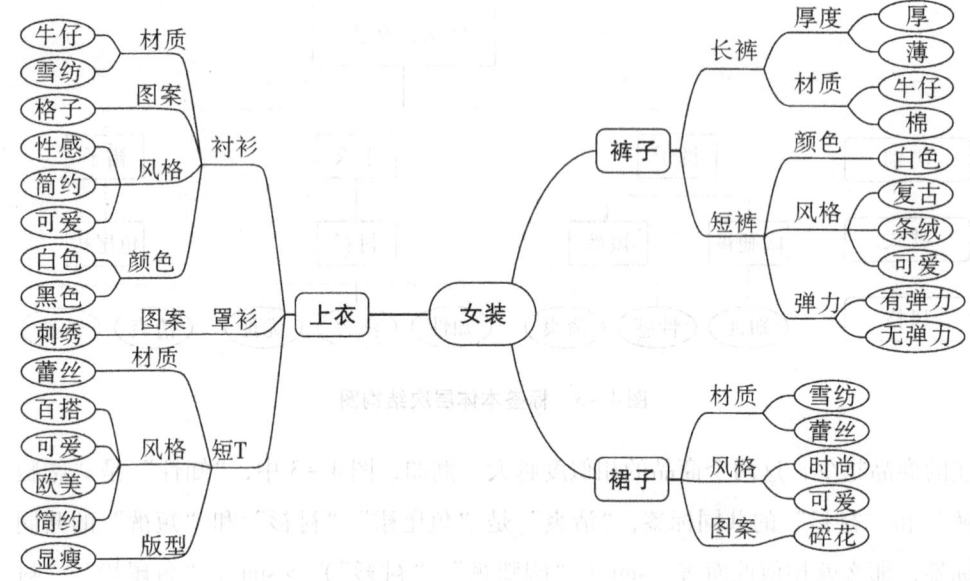

图 4-4 基于标签的本体构建

4.3 基于评论的商品特征建模

在线商品评论是消费者生成内容之一,是消费者参与社会化电子商务活动的早期形式,一直延续至今。在线商品评论信息内容丰富,主要由购买或使用过该产品的客户发表,是对商品的属性、功能、用户体验方面的真实看法或评价,这些看法或评价表达了用户对该商品本身或商品某些属性特征的肯定或否定的态度,字里行间也流露出用户对商品喜欢或厌恶的情感。

对参与评论的用户自身而言,发表的评论是对商品体验的真情流露,是对商品使用效果的真实反馈。对潜在购买用户而言,浏览他人的评论,能增强商品知识,促进其消费决策的制定。对商家及厂商而言,能了解产品本身性能,以及用户体验的第一手资料,明确消费者真实需求,促进商家对商品进行改进。总之,商品评论比评分更细粒度地表达了用户对商品的偏好程度或兴趣度,内容更丰富,表达更细致,从评论中挖掘用户偏好以及商品特征,更能促进推荐的准确性。

4.3.1 问题定义及相关假设

假设针对商品 P，通过网络获取其商品评论，构成商品 P 的原始评论语料库为 $C_0 = \{r_1, \cdots, r_i, \cdots, r_n\}$，其中，$r_i$ 为该商品的第 i 条评论。为了挖掘商品 P 的特征属性，对原始评论语料库 C_0 进行分词以及词性标注，对每一条 r_i，获得词语集合 $S_i = \{w_{i1}, \cdots, w_{ij}, \cdots, w_{im}\}$，其中 w_{ij} 表示评论 r_i 中包含的第 j 个词语，假设第 j 个词语 w_{ij} 在 r_i 中出现的频率记为 tf_{ij}。由于中文环境下用于商品特征描述的词一般是名词，因此选取名词构建商品候选特征初始集合 $S_0 = \{t_1, \cdots, t_j, \cdots, t_p\}$，其中，$t_j$ 为候选特征词，tf_j 为该候选特征词出现的频率。本章通过对候选特征集进行剪枝、排序和筛选处理，最终得到商品特征集 $T = \{t'_1, t'_2, \cdots, t'_q\}$。

比如，对于某店铺的女装，有如下评论，"叠穿效果很棒，上身效果不错，面料舒服""衣服超有气质""衣服设计有个性，漂亮大气，优雅的白色，配上低调的藏蓝色，性感的一字领，完美""款式独特，好看"。构建商品语料库 $C_0 = \{$"叠穿效果很棒，上身效果不错，面料舒服"，"衣服超有气质"，"衣服设计有个性，漂亮大气，优雅的白色，配上低调的藏蓝色，性感的一字领，完美"，"款式独特，好看"$\}$。对 r_i 分词后，形成 $w_{i1} = \{$/wyz 叠/v 穿/v 效果/n 很/d 棒/a，/wd 上身/s 效果/n 不错/a，面料/n 舒服/a /wyy，/wd "/wyz 衣服/n 超/v 有/vyou 气质/n"/wyy，/wd "/wyz 衣服/n 设计/v 有/vyou 个性/n，/wd 漂亮/a 大气/n，/wd 优雅/a 的/n 白色/n，/wd 配/v 上/vf 低调/n 的/n 藏/b 蓝色/n，/wd 性感/a 的/n 一/m 字/n 领/v，/wd 完美/a"/wyy，/wd "/wyz 款式/n 独特/a，/wd 好看/a"/wy$\}$。提取评论集中所有名词作为候选特征词，$S_0 = \{$"效果"，"面料"，"衣服"，"气质"，"个性"，"大气"，"白色"，"低调"，"蓝色"，"款式"$\}$，通过特征挖掘处理，获得商品特征集 = $\{$"效果"，"面料"，"款式"$\}$。

4.3.2 在线评论分词

在电子商务环境下的用户评论，通过自然语言来表达，具有强烈的个人色彩，并不严格遵守句法规则，甚至非常口语化和网络化。因此，要想利用评论文本来挖掘用户感兴趣的商品特征，文本预处理是所有操作的第一步。鉴于中文表达的特殊性，字不等于词，评论文本预处理的第一步就是文本分词。

商品特征是通过特征词来表示的，因此，从评论中挖掘商品特征，分词和词性标注是基础。通过分词工具将评论文本进行分割，形成词语集合，然后在词语集合中通过筛选获得商品特征词集。纵观现有的研究，为了提高特征挖掘的准确率，研究的焦点往往集中于分词的粒度和词性的标注等，往往对用户词典的构建不够重视。

比如前文提到的关于服装的评论，"衣服设计有个性，漂亮大气，优雅的白色，配上低调的藏蓝色，性感的一字领，完美"，由于没有构建用户词典，对于"藏蓝色"和"一字领"都做了更细粒度的处理，分解为"藏/b 蓝色/n"和"一/m 字/n 领/v"，也直接影响了后文的特征提取。

为了避免由于缺乏对相关领域用户词典的界定，导致特征提取不准确的问题，本书对某电商平台的"大家印象"板块的关键词进行筛选，择定其中的20个关键词构建用户词典。该模块类似用户留言板，是消费者对其第一观感的表达，这些词一般是对商品特征及其属性的表达，出现在评论中的概率非常大。因此将其作为评论获取特征的补充词库。

假设原始评论语料库为 C_0，利用中文分词软件对其进行分词和词性标注，获得词语集合 S_i。

4.3.3 候选特征集的提取

商品特征的候选集 S_0，就是选取所有 S_i 中的名词或名词词组，形成商品特征的初始候选集。初始候选集 S_0 比较粗糙，候选词数目较大，必须对其进行筛选。具体步骤如下：

①删除单字名词。由于单字词在中文中的特殊性，其往往表意不清，而商品特征的表达往往由两个字或两个字以上的词语构成，因此筛选的第一步可以去掉单字名词，得到精简的候选集 S_1。

②通过同义词词典对候选特征集进行合并和剪枝。由于中文表达的特殊性，经常存在一词多义或一义多词的情况，因此，S_1 中可能会存在意思相同或相近的词语，比如"衣服"和"服装"、"面料"和"材质"等。因此，为了避免歧义和重复，就需要对同义词进行合并和剪枝。本书使用哈工大同义词词林 HIT-IRLab，具体示例如图 4-5 所示。

```
Ba04B01=产品 出品 成品 制品 必要产品
Ba04B02=粗制品 半制品 半成品 坯料 毛坯
Ba04B03=副品 次品 等外品 处理品 残品 劣质品 滞销品 剩余产品
Ba04B04=仿制品 复制品
Ba04B05=试用品 试制品 展销品 新品
Ba04B06=出产 物产
Ba04B07=水产 渔产 海产
Ba04B08=土产 土特产 土货 土特产品
Ba04B09=在制品 精制品 精品 制成品
Ba04B10=畜产 特产 名产 矿产
```

图 4-5 哈工大同义词词林示例

同义词词典是编号和词语构成的集合，比如"Ba04B01=产品 出品 成品 制品 必要产品"，其中 Ba04B01 是编号，"产品 出品 成品 制品 必要产品"表示这是一组同义词。以候选集 S_1 中的每个特征词为关键词，在同义词词典中进行检索，并确定其所在位置的编号，如果同一编号下出现了多个特征词，则认为其描述的是同一个特征。同时，本书还假定，同义词之间具有传递性，即特征词 t_i，t_j 出现在编号 a 中，且特征词 t_j，t_k 出现在编号 b 中，则认为 t_i，t_k 也是同义词。据此得到候选特征集中所有的同义词特征集合。

以上构建了每一个特征词的同义词集合，并以特征词为线索，统计其在原始评论语料库中出现的次数，即为每个特征词的词频，以词频最高的特征词作为该项特征的保留特征词，删除与其同义的其他特征词，并将所有同义特征词的词频叠加给保留特征词，构成新的特征词集 S_2。具体的剪枝示例如图 4-6 所示。

4.3.4 商品特征的选择

在 4.3.3 节中通过对评论文本中的名词进行筛选，获得了比较精简的候选特征集，但是从语义的角度看，这些名词是否构成对商品特征的描述还不确定，有待进一步处理，主要分为两步：①计算候选特征集中特征词的权重，以明确特征词的重要程度；②考虑评论文本的特征，商品特征词一般与情感词相关联，通过对

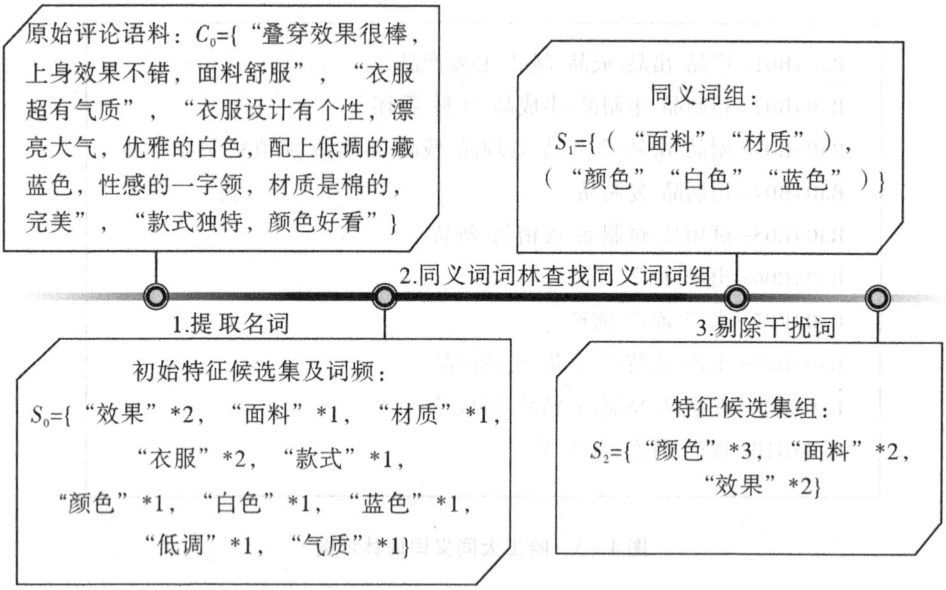

图 4-6 剪枝示例图

特征词与情感词的联系程度来计算特征词的情感指数,并最终确定商品的特征词集。

(1) TF-IDF 权重计算

候选特征集中的特征词对评论文本而言具有不同的重要程度,本书倾向于认为,越重要的词越有可能是特征词。因此,通过对候选特征集 S_2 中的特征词进行权重计算,从而确定候选特征集中特征词的重要性排序。对特征候选集中特征词权重的计算,本书选择了 TF-IDF 权重公式。

TF-IDF 公式由 Salton 提出,最初用于文本分类,用于对文本分类特征词对分类结果影响性的度量[1][2]。其中 TF 是词频,表示文本中词语使用的频率,是词语对文本影响力的度量,也就是通过词频来计算词的权重。IDF 是逆文档频率,用于统计词语在不同文档中的使用次数,是词语对分类影响力的度量,也称为词语

---

[1] SALTON G. The SMART retrieval system—experiments in automatic document processing [J]. Information storage & retrieval, 1971.

[2] SALTON G, BUCKLEY C. Term-weighting approaches in automatic text retrieval [J]. Information processing & management, 1988, 24 (5): 513 – 523.

的密集度，词语出现在越多的文本中，表示该词越具有重要性。在之后的研究中，对权重计算的公式反复进行改进，普遍认为将 TF 和 IDF 结合起来，即对词频和词语密集度进行综合考虑的效果更好。本书中，每个候选特征词 t_i 的权重计算公式如下：

$$w_i = tf_i \times \log\left(\frac{n}{n_i} + 0.01\right) \tag{4.1}$$

式中，n 是评论条数，tf_i 是候选特征词 t_i 的在第 i 条评论中出现的次数，n_i 是候选特征词 t_i 出现在评论中的条数。根据公式，计算每一个候选特征词的权重，然后根据权重对候选特征词进行降序排序。

（2）情感指数

用户对商品的评论实际上是用户对商品特征进行的评价，比如评论"面料舒服，颜色鲜艳"的意见词"舒服""鲜艳"，实际上是对商品特征中的"面料"和"颜色"的评价。评论中伴随着商品特征词的往往是对此特征的情感表达，本书假设候选特征词前后情感词越多，则该候选特征词是对商品特征描述的可能性越大。对候选特征词前后情感词的衡量，本书定义为情感指数。

情感指数表示用户评论商品特征时使用情感词的多寡[①]，具体计算步骤如下：

①对原始评论语料库 C_0 以标点符号进行断句，将断句后的每一个新句作为语料构建新的语料库 C_1；

②以候选特征词 t 为关键词，定位其在语料库 C_1 中的句子 p_i，对 t 在 p_i 中上下文距离为 2 以内的位置进行形容词查找，如果查到形容词，则该特征词在该 p_i 的情感指数 m_i 标记为 1，如果没有，则转③；

③继续在该句子 p_i 上下文距离为 2 以内的位置查找副词，如果找到副词，且与之相邻的是形容词，则 t 所在句子 p_i 的情感指数 $m_i = 1$，否则 $m_i = 0$；

④计算所有 t 在语料库 C_1 中情感指数之和再除以该特征词的词频 tf，所得的商即为该特征词的情感指数，如公式 4.2 所示：

$$M_i = \sum_{i=1}^{tf} \frac{m_i}{tf} \tag{4.2}$$

---

① 张倚天. 基于商品特征挖掘的在线评论有用性分类研究［D］. 大连：大连理工大学，2016.

通过上述公式，可计算出所有 t_i 的情感指数 M_i。

然后进行商品的特征筛选：

①将候选特征集 S_2 按照特征词的权重大小进行降序排列，并将整个集合一分为二，一半是权重较高的候选特征词 S_{31}，一半是权重较低的候选特征词 S_{32}。

②对 S_{31} 选取指数 $M \geq 0.3$ 的候选特征词，同时将 $M<0.3$ 的候选特征词删除；

③对 S_{32} 选取指数 $M \geq 0.7$ 的候选特征词，同时将 $M<0.7$ 的候选特征词删除；

④合并 S_{31} 和 S_{32}，即得到最终候选特征集 S。

4.4 基于标签-评论融合的商品特征模型

前文在用户标签的基础上构建了商品本体模型 Item-Feature-Ontology，在用户评论的基础上，构建了基于评论的商品特征集 S。本节基于 Item-Feature-Ontology 和 S 进行知识融合，来构建商品的属性矢量 $\boldsymbol{I}$。

步骤如下所示：

①令 $i=1$；

②从该类商品特征集 S 中提取特征词 f_i，基于同义词词林，构建 f_i 的同义词组 t_{fi}；

③以 f_i 及 t_{fi} 为关键字，在商品本体模型中进行检索，如果检索到，则将其子类依次赋值给 $f_{ij}(j=1,\cdots,k)$；

④对 f_{ij} 合并同类项，参照同义词词林，提出 f_i 的属性值 f_{ij} 中的同义词，构成 f_i 的属性集 $(f_{i1},f_{i2},\cdots,f_{ik})$；

⑤令 $i=i+1$，转②。

最终获得该类商品的综合属性矢量 $\boldsymbol{I} = \{f_1(f_{11},f_{12},\cdots,f_{1k}),f_2(f_{21},f_{22},\cdots,f_{2h}),\cdots,f_s(f_{s1},f_{s2},\cdots,f_{st})\}$，$s$ 表示商品 $\boldsymbol{I}$ 的 s 个属性描述，其中第一个属性 f_1 有 k 个属性值，第二个属性 f_2 有 h 个属性值，以此类推，第 s 个属性 f_s 有 t 个属性取值。

针对每一类商品中的商品个例，通过其商品描述，以及评论中的该特征下的情感词，则可以获得该商品特征下的属性值。

4.5 实验与分析

4.5.1 实验数据

结合前文研究,本章构建商品的特征模型主要基于两个数据——标签和评论,因此本书结合公共数据集 CiaoDVD① 中的评论数据和 MovieLens 数据集中的标签数据,共同作为本章实验的数据源。CiaoDVD 数据集是 2013 年 12 月从 dvd.ciao.co.uk 网站上爬取的 DVD 相关数据构成的数据集。该数据集主要包含 3 个文件:movie-ratings、review-ratings、trust。本书主要通过其中的 review-ratings 文件来获取用户对商品的评论文件,review-ratings 记录了 userID、reviewID、reviewRating。评论文件中记录了 17615 个用户对 16121 部电影的 46655 条评论。标签集的数据来源于 MovieLens 中的 tags.dat 文件,其中包含 71567 个用户对 10681 部电影生成的 95580 个标签。标签文件的数据由 UserID、MovieID、Tag 以及 Timesstamp 等四个字段构成。

4.5.2 实验设计

(1) 数据预处理

review-ratings 文件中有一个字段为 reviewRating,是对评论质量的评分,由用户对评论质量进行打分,分值取值范围为 [0,5],0 表示"话题无关"评论,比如广告等,1 表示评论"对我无用",2 表示评论"对我有一点用",3 表示评论"对我有用",4 表示评论"对我很有用",5 表示评论"对我非常有用"。对 review-ratings 文件中的数据进行清洗,过滤掉 reviewRating < 3 的评论,保留用户认为更有用的评论,构成初始评论语料库 C_0。

---

① GUO G, ZHANG J, THALMANN D, et al. ETAF: An extended trust antecedents framework for trust prediction [C] // Ieee/acm International Conference on Advances in Social Networks Analysis and Mining. IEEE, 2014:540 – 547.

tags.dat 文件中 tag 字段表示用户设置的标签，提取该字段构成初始标签集 T_0。

(2) 基于标签初始集构建标签本体

提取 T_0 中的标签，部分标签如表 4-1 所示。

表 4-1 tags.dat 中部分标签

用户 ID	电影 ID	标签
15	4973	excellent!
20	1747	politics
20	1747	satire
20	2424	chick flick 212
20	2424	hanks
20	2424	ryan
20	2947	action
20	2947	bond
20	3033	spoof
20	3033	star wars
20	7438	bloody
20	7438	kung fu
20	7438	Tarantino
21	55247	R
21	55253	NC-17

通过对标签进行聚类和筛选，以及同义词处理等，构建电影标签本体如图 4-7 所示。

(3) 基于评论初始集构建电影候选特征集

本数据集是英文文本，因此通过英文文本分析工具 Stanford Parser 对评论初始集中每一条评论进行分词和词性标注，按照 4.3.3 的方案构成基于评论初始集的电影候选特征集，如表 4-2 所示。

4 基于标签和评论融合的商品特征模型构建

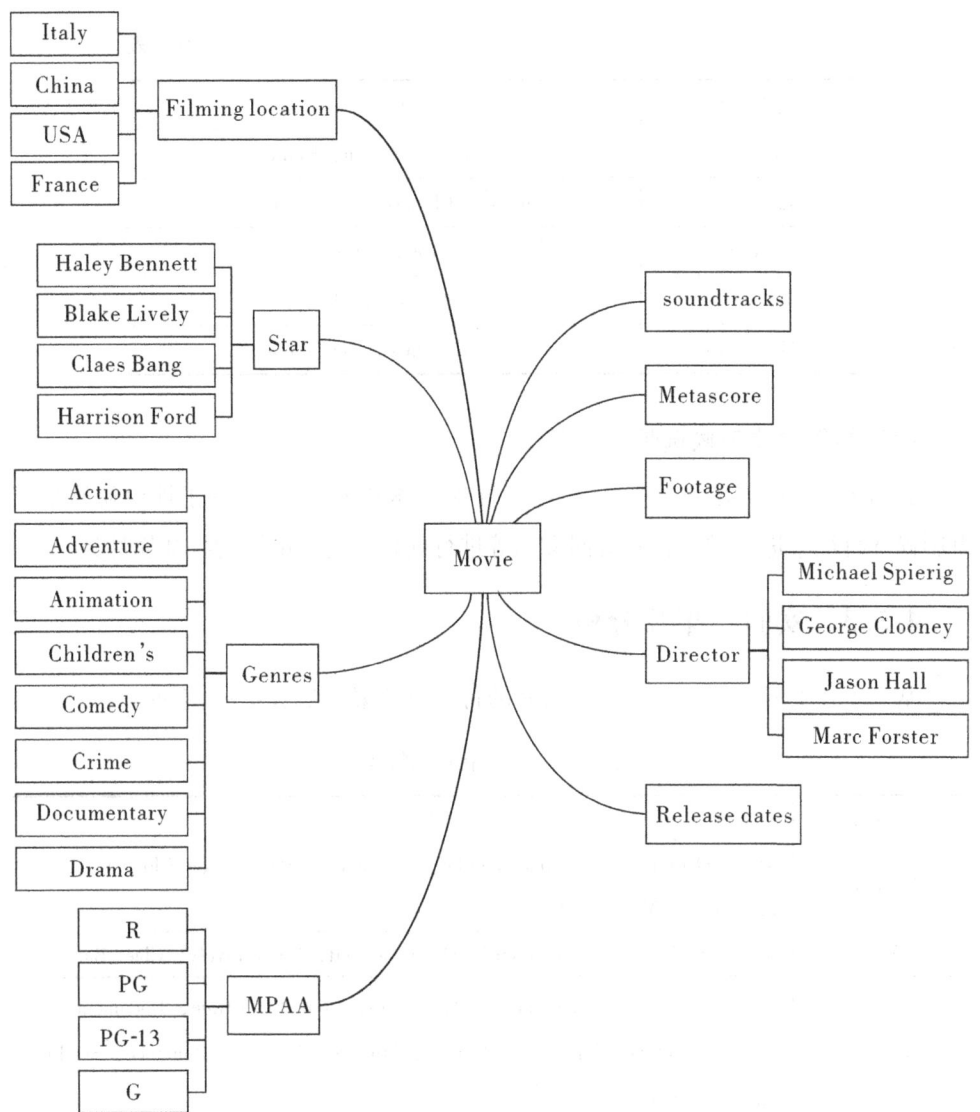

图 4-7 电影标签本体

表 4-2 基于评论初始集的电影候选特征集

候选特征	属性值
Director	Ruben Östlund, Christopher Landon
Actors	Jessica Rothe, Israel Broussard
Plot	good, excellent, story

续上表

候选特征	属性值
Genre	Comedy, Action, Konfu
Language	English, Chinese, Korea, French
Year	1991, 1993
Goof	interesting, bad
Metascore	good, classic, excellent

（4）标签本体与候选特征集融合

利用4.4节的算法对图4-7的电影标签本体和表4-2的基于评论初始集的电影候选特征集进行融合，并对同义词等进行处理，构建电影的特征属性集。

4.5.3　实验结果及分析

基于上述实验，最终形成电影商品的特征属性集，如表4-3所示。

表4-3　电影特征属性集

候选特征	属性值
Director	Ruben Östlund, Christopher Landon, Michael Spierig, George Clooney, Jason Hall, Marc Forster
Star	Jessica Rothe, Israel Broussard, Haley Bennett, Blake Lively, Claes Bang
Genre	Action, Adventure, Animation, Children's, Comedy, Crime, Documentary, Drama, Fantasy, Film-Noir, Horror, Musical, Mystery, Romance, Sci-Fi, Thriller, War, Western
Language	English, Chinese, Korea, French
Release dates	1991, 1993
Metascore	[0, 100]
Footage	[0, 5]
MPAA	R, G, PG, PG-13

融合结果显示，用户对电影的选择主要以下几个特征为依据：电影导演、主要演员、电影类别、电影语言、上映时间、电影评分、电影片长，以及电影分

级。这些因素或通过用户标签或以用户评论的形式出现，在一定程度上反映了用户与电影之间细粒度的关联，融合结果也为挖掘用户细粒度偏好特征，实现精准化推荐奠定了良好的基础。

4.6 小结

本章认为标签和评论是获取商品特征的重要来源，利用本体技术，构建了基于标签的商品特征属性模型；通过对评论文本进行分析，挖掘了评论中用户最感兴趣的商品特征集；通过对基于标签的商品特征本体和基于评论的商品特征集进行融合，构建了商品特征属性集。

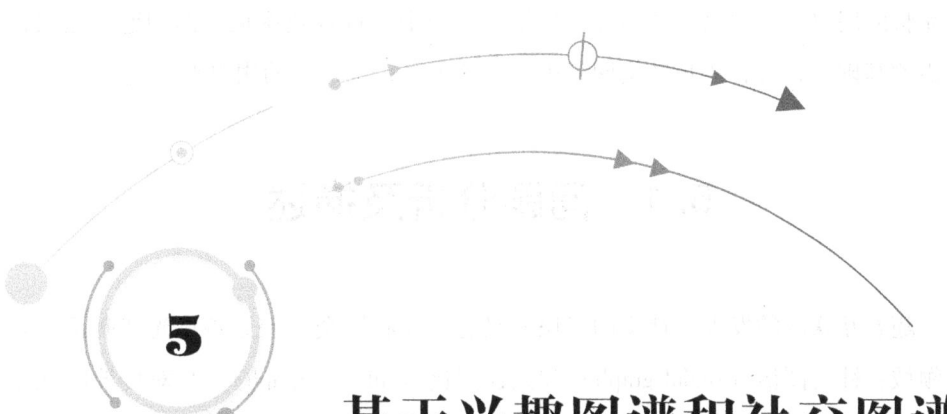

5 基于兴趣图谱和社交图谱融合的用户需求模型构建

精准挖掘用户需求知识,是实现电子商务推荐的关键。协同过滤的用户评分矩阵在一定程度上反映了用户的需求和偏好,但是由于数据的稀疏性和冷启动问题,仅通过评分矩阵来挖掘用户需求不能满足用户对推荐系统满意度的要求。本章通过用户评分矩阵,构建用户的初始兴趣网络,并利用模型对其进行演化,构建完整的用户兴趣图谱,从而弥补数据稀疏带来的推荐效率低下的问题,在兴趣图谱的基础上,融合用户社交网络中的信任关系,构建新的用户需求模型。

5.1　问题分析及描述

随着互联网的发展,社交网络快速兴起,互联网企业开始将目光转向两个新的领域:社交图谱(social graph)和兴趣图谱(interest graph)。与对传统的社交网站和兴趣平台的研究不同,社交图谱和兴趣图谱更关注用户自身的认知,以及用户之间的关系,即通过构建用户之间的网络,让用户更清晰地认识自我以及自我与他人之间的联系。

在兴趣图谱中,通过构建用户多维的兴趣模型来帮助用户发现自我,用户的兴趣不再局限于某一个领域,而是多维的,比如电影、服装、运动、书籍等不同领域的兴趣爱好,共同构成用户的兴趣模型。用户与用户之间通过兴趣互相认识,并建立社交联系。而对社交图谱而言,用户之间的联系通过社会关系来建立,比如同事、朋友、同学、家人等,社交图谱是对用户现实中社会关系的映射,不同于用户兴趣图谱,社交图谱具有相对稳定性。社交图谱中用户关系的建立不基于兴趣,但是往往会对对方的兴趣产生影响。

从用户的角度看,有兴趣才能激发需求和购买欲;而站在产品的角度,电子商务平台中商品的组织和展示本身就是基于兴趣类别,因此从兴趣角度去挖掘用户需求是个性化推荐的重要研究方向,也形成了一些较成熟的算法,如协同过滤、矩阵分解等都试图通过兴趣图谱来探索用户需求。

对社交图谱的研究表明,用户的社会关系也会影响用户的需求。互联网和大数据的发展,使网络信息急速增长,但内容良莠不齐。电商平台环境的特殊性,使商品功能、性能、质量等只能通过平面的二维图片或文字来感受,缺乏更直观的体验,从而影响了用户的购物决策。而具有稳定性的用户社会关系能让用户产生更多的信任感,因此,从用户社交图谱挖掘用户信任关系,并以此为基础构建用户模型,从一定程度上来说,可以提高推荐的准确性。

随着互联网的发展,用户对网络信息服务的质量也提出了更高的要求,从推荐领域来看,用户不仅要求推荐的准确性,还要求推荐的多样性和惊喜性,以及推荐结果的可解释性。对兴趣图谱和社交图谱的研究和实践表明,推荐不应该局限于相似性的计算,而是应该充分挖掘用户行为,了解用户行为轨迹,从而构建一个真实而全面的用户模型,并在此基础上,帮助用户发现自己的潜在兴趣和需求,制定最满意的购物决策。用户模型的构建可以以兴趣图谱和社交图谱的融合为基础。

用户行为模型,可以分析用户购物决策的路径,了解用户的兴趣、认知,从而充分挖掘用户可能感兴趣的商品,并最终实现推荐。用户行为独立于用户兴趣图谱和用户社交图谱,但是可以以用户行为为线索,去探索用户兴趣和社交关系,从而挖掘其潜在兴趣,并最终构建兴趣模型。

因此,本书追寻用户的行为去构建兴趣图谱和社交图谱,并将其用于对用户潜在需求的探索,通过知识融合,形成用户需求模型。其构建思路如图 5-1 所示。

用户需求模型的构建是模型层知识融合的一部分,通过行为来探索用户需求,并构建相应的模型。本书对其行为的探索主要是通过两方面,一是基于用户兴趣图谱的评论、标签、评分,二是基于用户社交图谱的用户信任关系。利用 2.3 节的知识融合模型描述,可以表示为:

$$KF_{M2} = <GF_{M2}, BK_{M2}, AK_{M2}, f_{M2}>$$

其中,GF_{M2} 是融合目标,这里体现为构建用户需求模型。BK_{M2} 是融合前的知识,包括基于用户评论、标签、评分等构建的用户兴趣知识,以及根据用户社交关系获取的用户信任关系知识等。AK_{M2} 是融合后的知识,表示为用户需求知识。f 是融合方法,本书的融合方法在演化的兴趣图谱的基础上引入了信任关系,以提高需求预测的准确性。

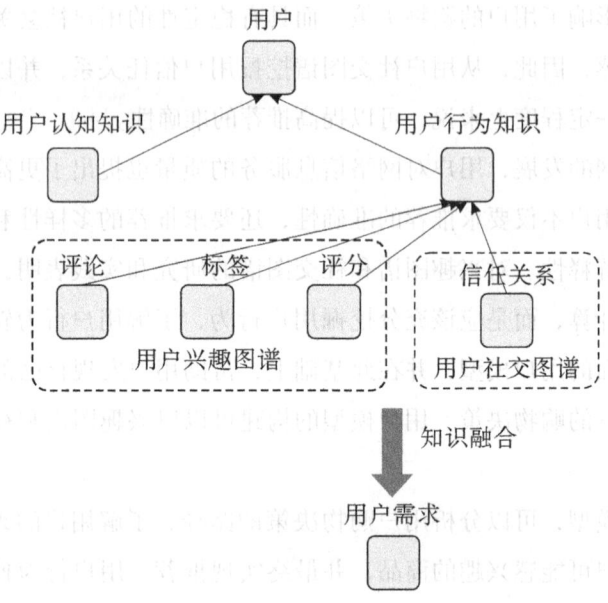

图 5-1 用户需求模型构建思路图

5.2 用户兴趣图谱的构建

现有的电子商务推荐基本上是基于用户特征或购物记录来进行的,导致现有的推荐存在以下问题:首先,消费记录并不能完美反映用户偏好,因为某些商品可能获得该用户差评;其次,容易给用户反复推荐其购买过的类似商品,造成其反感;再次,对于新商品和新用户会存在冷启动问题。因此,高效率的推荐必须以充分挖掘用户潜在兴趣为前提,兴趣图谱为此提供了解决方案。

与社交图谱主要关注人不同,兴趣图谱更关注人与事物之间的关系。由于社交图谱是对人社会关系的映射,因此具有一定的稳定性,而兴趣图谱是对用户兴趣网络的描述,但用户的兴趣并非一成不变的,而是随着时间、环境以及周围人的变化而发生变化,因此兴趣网络具有一定的动态性和灵活性。综上而言,兴趣图谱顾名思义,由"兴趣"和"图谱"构成,"兴趣"用于标示用户的兴趣爱好,具有动态性和灵活性;"图谱"是以兴趣为纽带,构建用户之间的关联,并以图谱的形式来体现。

建立用户兴趣图谱的目的是通过用户兴趣去挖掘用户需求。Lynne Greewe 认为兴趣图谱的构建分为两步[①]：①兴趣的挖掘，传统的兴趣挖掘过程是基于用户历史信息，随着社交网站的兴起，Facebook、Twitter、微博等为用户兴趣挖掘提供了更多的途径[②]；②兴趣的融合，基于多源途径挖掘用户兴趣知识，并据此进行融合，挖掘潜在用户兴趣，构建扩展的用户兴趣图谱。

Li 等人则提出群组兴趣的概念[③]。爱尔兰的 DERI 中心对多源异构的用户信息进行融合，构建了基于语义的用户兴趣图谱，并通过资源分配算法和扩散理论对兴趣图谱进行演化和扩展[④]。Berkovsky 等从其他不同领域的推荐系统中获取用户数据，利用通用的用户兴趣模型框架，弥补了本领域数据缺失的不足，实现了准确性较好的跨领域推荐[⑤]。

现有的研究对兴趣的概念定义混乱，含义不清，部分定义为用户对商品的兴趣（如购买和浏览历史、品牌和价格偏好等），有些指个人爱好（如运动、旅行等），甚至包括其参加的社会活动。如果将所有这些都作为预测推荐的某个节点，那么相似性将很难计算，同时其预测复杂度也会大大增加。此外，缺乏统一的用户兴趣建模也导致其互操作性存在很大问题。

除此之外，用户兴趣的挖掘是否准确直接关系到最终推荐的结果是否能让用户满意，因此，构建什么样的用户模型，采用什么方法来构建模型都至关重要。通过用户建模来研究推荐起源于 20 世纪 70 年代，随后越来越多的学者投入此项研究。用户模型最初以用户属性 Profile 为主，目前基于本体的用户行为与偏好来建模和推荐已经成为一种主流方式。用户的兴趣是复杂的、有层次的和具有个人偏好的，可以利用本体中的概念来描述用户兴趣，使用本体中的各种关系描述用户复杂的兴趣关系，利用属性和属性值表示用户对感兴趣的商品的特殊偏好，从

---

① LYNNE G. The interest graph architecture-social modeling and information fusion [J]. Proc. of SPIE, 2012, 8392: 1-46.

② BAO H, LI Q, LIAO S S, et al. A new temporal and social PMF-based method to predict users' interests in micro-blogging [J]. Decision Support Systems, 2013, 55 (3): 698-709.

③ LI D, LV Q, XIE X, et al. Interest-based real-time content recommendation in online social communities [J]. Knowledge-Based Systems, 2012, 28: 1-12.

④⑤ HEITMANN B, DABROWSKI M, PASSANT A, et al. Personalisation of social web services in the enterprise using spreading activation for multi-source, Cross-Domain Recommendations [C] //AAAI Spring Symposium: Intelligent Web Services Meet Social Computing, 2012.

而形成一个树状结构的用户兴趣本体模型。语义网通过语义扩展，可以提升对新元素的相似度量能力，完成基本的概念扩展和关系识别，较好地解决推荐系统中常见的冷启动问题。Jiang 等进一步提出了基于扩散激活理论的兴趣本体自学习方法[1]，Mohanraj 等借鉴密封采集信息传递原理提出基于本体的自适应推荐方法[2]。

可见，兴趣图谱的研究处于起步阶段，兴趣图谱概念混乱，缺乏统一的标准，兴趣模型和建模方法各异。为获取用户完整的兴趣图谱以实现精准的推荐、解决模型的互操作和"冷启动"问题，需要对来自不同网站的用户兴趣图谱进行融合。传统的关键词不能正确表达用户兴趣语义，兴趣图谱构建中的语义问题是另一个研究重点。兴趣图谱的动态和易变问题，是受时间、群体等变化因素影响的。

5.2.1 初始兴趣图谱的生成

兴趣图谱的生成不再局限于某一个网站或某个平台，而是基于全网交叉领域，全方位收集跨系统、跨平台的用户信息，构建完整的用户兴趣图谱，从而实现更为精准的个性化推荐。推荐系统中两个重要的维度就是用户和商品，而连接用户和商品的纽带则是用户兴趣，因此，兴趣图谱是由用户—兴趣—商品构成的推荐机制。如图 5-2 所示。

兴趣图谱的自学习思想是基于用户和兴趣之间的初始已知链接，采用链路预测算法来发现用户和兴趣之间的未知链接，实现兴趣图谱的自学习，得到完善的用户兴趣图谱，为接下来的基于用户兴趣图谱的商品推荐提供支持[3]。

---

[1] JIANG X, TAN A H. Learning and inferencing in user ontology for personalized Semantic Web search [J]. Information sciences, 2009, 179 (16): 2794 – 2808.

[2] MOHANRAJ V, CHANDRASEKARAN M, SENTHILKUMAR J, et al. Ontology driven bee's foraging approach based self adaptive online recommendation system [J]. Journal of Systems & Software, 2012, 85 (11): 2439 – 2450.

[3] 刘平峰，朱孔真，杨柳，等. 基于用户兴趣图谱的个性化推荐系统设计 [J]. 武汉理工大学学报（信息与管理工程版），2014 (3): 341 – 344.

5 基于兴趣图谱和社交图谱融合的用户需求模型构建

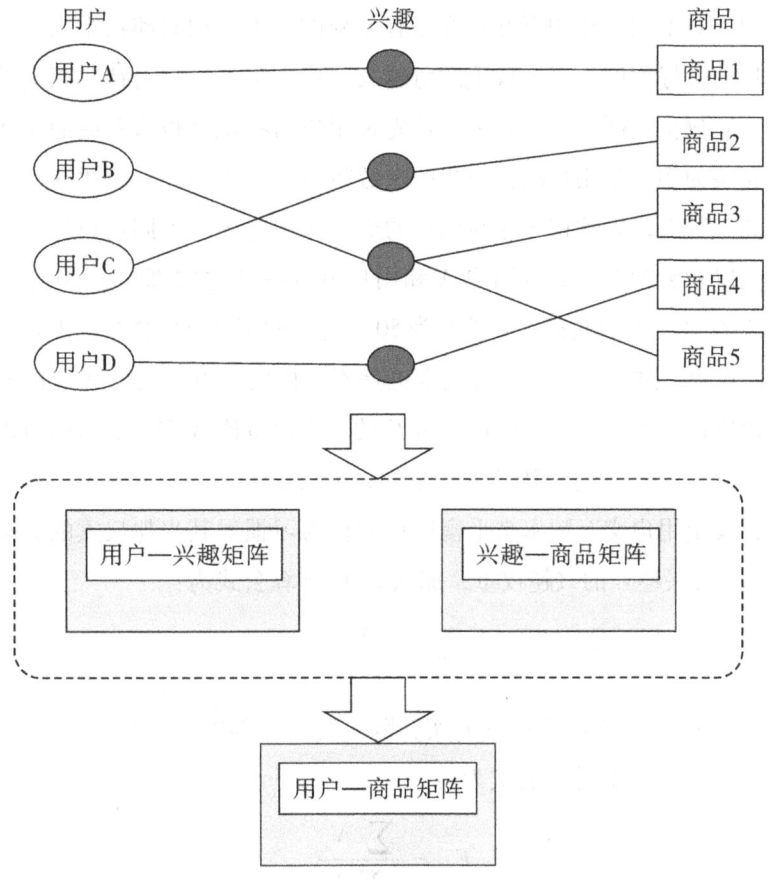

图 5-2　用户—兴趣—商品推荐机制

5.2.2　兴趣图谱的演化与扩展

（1）兴趣权重计算

在当前互联网海量数据的环境下，用户难以在浩如烟海的商品记录中高效获取信息，妨碍了用户制定决策的效率。现有推荐算法大多就用户概要或购买记录进行，但事实上，购买记录并不能完美地反映顾客对某种商品的偏好，因为他可能在购买后对这件商品给出差评。随着网络技术的发展以及社交网络的兴起，越来越多的途径可以辅助用户获取制定决策，包括电商网站的商品评论、博客等。这些信息为潜在用户制定购买决策提供了参考，同时这些由用户生成的信息，也反映了用户的行为轨迹，有助于挖掘用户的兴趣和偏好，提高电子商务系统的推荐能力。

不同用户对不同兴趣的喜好程度是有差异的。本书用兴趣权重来描述某用户对特定兴趣的喜好程度。兴趣权重的值越大，代表某一用户对特定兴趣的喜好程度越高。兴趣权重与两个因素有关。首先是用户与特定兴趣所对应的实例的交互次数。以女装为例，某用户购买短裙的次数越多，代表用户对短裙这一类别的喜好程度越高。其次，兴趣权重还与用户的交互频率有关。不同用户行为习惯是不一样的，仍以女装为例，假设用户A和用户B在一年之内都买了20条短裙，但是，用户A在这一年的购买女装件数为50，而B购买的女装件数为100，那么A、B两个用户对短裙这一类别的兴趣权重也是不一样的。由于用户A总的购买数量较少，短裙所占的比例较大，而用户B总的购买数量比A多，故短裙所占的比例就较小，因此，用户A对短裙这一类别的兴趣权重较大，即用户A更偏好短裙。

因此，设定用户交互频率来平衡用户的行为习惯对其兴趣权重的影响。定义 $w_{u_i}^{i_j}$ 为用户 u_i 对兴趣 i_j 的兴趣权重，那么 $w_{u_i}^{i_j}$ 的计算公式为：

$$w_{u_i}^{i_j} = \frac{N_{u_i}^{i_j}}{F_{u_i}} \tag{5.1}$$

其中，$N_{u_i}^{i_j}$ 描述用户 u_i 对兴趣 i_j 实施购买行为的频度，F_{u_i} 描述用户 u_i 对所有商品的购买频率。F_{u_i} 的计算公式为：

$$F_{u_i} = \frac{\sum N_{u_i}}{\frac{\sum N}{n}} \tag{5.2}$$

其中，$\sum N_{u_i}$ 描述用户 u_i 在电商平台的购买次数，$\frac{\sum N}{n}$ 用于计算所有用户的平均购买频率，$\sum N$ 代表所有的用户交互次数，n 代表用户总数。

因此，$w_{u_i}^{i_j}$ 可表示为：

$$w_{u_i}^{i_j} = \frac{N_{u_i}^{i_j}}{n \sum N_{u_i}} \sum N \tag{5.3}$$

（2）兴趣相似度计算

基于节点相似性的链路预测方法大多以共同"邻居"为基础，尽管简单，却与现实中的物理过程不相关联，Zhou等提出了一种相似性算法——资源分配算法

(RA 算法)[①],从网络中资源分配机制的角度考虑,该算法具有更高的准确率。

资源分配算法的主要思想是:假设有两个不相连但有共同邻居的节点对 x 和 y,x 可以通过共同邻居向 y 传递它的资源,y 从 x 处得到的资源越多,这对节点就越相似。最简单的情况是每一个担当传递者角色的共同邻居具有 1 单位的资源,并将这 1 单位资源平均分配给它的所有邻居。节点 x 和节点 y 的相似度可以被定义为节点 y 从节点 x 处获得的资源数量的多少,即

$$s_{xy} = \sum_{z \in \tau(x) \cap \tau(y)} \frac{1}{k(z)} \tag{5.4}$$

其中,$\tau(x)$、$\tau(y)$ 表示节点 x 和节点 y 的邻居节点,$k(z)$ 表示节点 z 的邻居数。公式 5.4 是简单环境下的节点相似性计算公式,此算法适用于对称网络,即 $s_{xy} = s_{yx}$。资源分配算法还可以扩展到非对称网络。假设节点 x 拥有 1 单位资源,它将把这一单位资源平均分配给它的所有邻居,而节点 x 的所有邻居又将更进一步将从节点 x 处获得的资源平均分配给各自的所有邻居。此时,节点 y 所获得的资源可以被认为是从节点 x 的角度来看节点 y 的重要程度,用公式表示如下:

$$s_{xy} = \frac{1}{k(x)} \sum_{z \in \tau(x) \cap \tau(y)} \frac{1}{k(z)} \tag{5.5}$$

这种情况下,$s_{xy} \neq s_{yx}$。上述公式在二部图网络的个性化推荐中已经有一定的应用,但现有的研究往往将资源分配算法用在商品推荐领域,用来预测用户与商品实例之间的链接、向用户推荐具体的商品实例,例如,采用基于加权二部图的个性化推荐算法为观影者推荐符合其偏好的电影,目前还鲜有人使用链路预测算法中的资源分配算法来计算兴趣之间的相似度,并在此基础上实现兴趣图谱的自学习。

(3) 兴趣图谱自学习算法

兴趣图谱自学习是实现用户—兴趣—商品推荐模型的基础,因此,设计兴趣图谱自学习算法是构建用户兴趣图谱的关键。本书利用前文介绍的兴趣权重计算方法和兴趣相似度计算方法,提出兴趣图谱自学习算法。

---

① ZHOU T, LÜ L, ZHANG Y C. Predicting missing links via local information [J]. The European Physical Journal B-Condensed Matter and Complex Systems, 2009, 71 (4): 623 – 630.

①概念定义。

定义两个矩阵：根据用户—兴趣—商品推荐模型，定义用户—兴趣矩阵（user-interest matrix，UIM）和兴趣—兴趣矩阵（interest-interest matrix，IIM）。

用户—兴趣矩阵（UIM）是用户兴趣图谱的一种规范化表示，记录用户 u_i 对兴趣 i_j 的兴趣权重 $w_{u_i}^{ij}$，可以表示为三元组 < User，Interest，Weight >。其中，User 描述用户集，Interest 描述兴趣集，Weight 描述用户对兴趣的喜好程度，即兴趣权重。用户—兴趣矩阵（UIM）描述用户与兴趣之间的关系，即

$$UIM：User \times Interest \rightarrow Weight$$

计算方法如公式 5.3 所示。

兴趣—兴趣矩阵（IIM）记录兴趣之间的相似度，可以表示为三元组 < Interest，Interest，Similarity >。其中，Interest 表示兴趣的集合，Similarity 表示兴趣之间的相似度。兴趣—兴趣矩阵（IIM）是一个从兴趣和兴趣到兴趣相似度的函数，即

$$IIM：Interest \times Interest \rightarrow Similarity$$

计算方法如公式 5.5 所示。

②算法描述。

兴趣图谱自学习算法主要分以下三个步骤实现。首先，通过用户与特定兴趣所对应的实例的交互次数及用户的交互频率计算出该用户对特定兴趣的喜好程度；其次，利用已知链接和资源分配算法计算兴趣之间的相似度；最后，基于兴趣权重和兴趣相似度预测用户与兴趣之间是否存在未知链接，以及计算用户未知兴趣的兴趣权重值。

假设用户集 User = $\{u_1, u_2, u_3, u_4, u_5\}$，兴趣集 = $\{i_1, i_2, i_3, i_4, i_5\}$，用户 u_i 对兴趣 i_j 的兴趣权重为 $w_{u_i}^{ij}$，以及从兴趣 i_x 的角度看其与兴趣 i_y 的相似度为 s_{xy}。具体计算步骤如下：

第一步，根据用户与特定兴趣所对应的实例的购买次数计算出用户偏好，即用户 u_i 对兴趣 i_j 的兴趣权重 $w_{u_i}^{ij}$，得到初始用户—兴趣矩阵，记为 initialUIM，如表 5-1 所示。u_1 对 i_1 的兴趣权重是 50，u_2 对 i_2 的兴趣权重是 70，u_3 对 i_3 的兴趣权重是 30，以此类推，每一个数值都代表通过公式算得的用户对兴趣的喜好程度。在表 5-1 中，若 $w_{u_i}^{ij}$ 已被赋值，意味着用户与该兴趣所对应的实例已有交互，

u_i 与 i_j 之间存在一条链接。相反,若 $w_{u_i}^{i_j}$ 没有被赋值,则并不意味着 u_i 与 i_j 之间不存在链接,而是表明用户与该兴趣所对应的实例的交互情况未知,即 u_i 与 i_j 之间的链接是未知的。兴趣图谱自学习算法就是为了预测未知链接是否存在,如果存在,计算其兴趣权重值。

表 5-1 初始用户—兴趣矩阵

用户	兴趣				
	i_1	i_2	i_3	i_4	i_5
u_1	50	2.5			
u_2		70			
u_3	10	20	30	40	50
u_4			100	120	150
u_5	90			40	30

第二步,根据初始用户—兴趣矩阵中用户 u_i 对兴趣 i_j 之间的已知链接,运用资源分配算法,可以得到兴趣之间的相似度,记为兴趣—兴趣相似矩阵,如表 5-2 所示。假设兴趣 i_x 的初始资源为 1,它将这一资源平均分配给兴趣图谱中的所有邻居节点(兴趣图谱中的兴趣节点的邻居节点都是用户节点),而兴趣 i_x 的邻居节点又进一步将从 i_x 处获得的资源平均分配给各自的邻居节点,此时,兴趣节点 i_y 得到的所有从 i_x 处传递来的资源的多少,表示从兴趣节点 i_x 的角度来看兴趣节点 i_y 与它的兴趣相似性。兴趣图谱是一个非对称网络,如表 5-2 所示,从兴趣节点 i_1 的角度来看,i_1 和 i_3 的相似度是 1/15,而从兴趣节点 i_3 的角度来看,i_1 和 i_3 的相似度是 1/10。

表 5-2 兴趣—兴趣相似矩阵

用户	兴趣				
	i_1	i_2	i_3	i_4	i_5
i_1	1	7/30	1/15	8/45	8/45
i_2	7/30	1	1/15	1/15	1/15
i_3	1/10	1/10	1	4/15	4/15
i_4	8/45	1/15	8/45	1	13/45
i_5	8/45	1/15	8/45	13/45	1

第三步，根据初始用户—兴趣矩阵中的已知兴趣权重和兴趣—兴趣矩阵中的兴趣相似度预测初始用户—兴趣矩阵中的未知兴趣权重，记为最终用户—兴趣矩阵。以计算用户 u_1 对兴趣 i_3 的兴趣权重为例，已知用户 u_1 对兴趣 i_1 的兴趣权重为50，用户 u_1 对兴趣 i_2 的兴趣权重为2.5，而从兴趣节点 i_1 的角度来看，兴趣节点 i_3 与兴趣节点 i_1 的相似度为1/15，从兴趣节点 i_2 的角度来看，兴趣节点 i_3 与兴趣节点 i_2 的相似度也为1/15，那么预测用户 u_1 对兴趣 i_3 的兴趣权重就为3.5。对初始用户—兴趣矩阵中未知兴趣的权重预测如表5–3所示，阴影部分为预测权重。可以看出，在该例中，预测出的 $w_{u_4}^{i_1}$、$w_{u_4}^{i_2}$、$w_{u_5}^{i_2}$ 值较高，分别为58、28、25.7，也就是说，用户 u_4 和兴趣 i_1，用户 u_4 和兴趣 i_2，用户 u_5 和兴趣 i_2 之间存在链接的可能性较大。这一预测结果也符合现实世界的客观规律，从初始用户—兴趣矩阵中可以看出，用户 u_4 和用户 u_5 相对于其他用户而言，兴趣更广泛，且兴趣权重普遍更高，可以推测用户 u_4 和用户 u_5 是相对活跃的用户，因此，他们更有可能培养更多的兴趣。而将用户 u_4 和用户 u_5 进行比较，可以发现用户 u_4 的兴趣权重普遍比用户 u_5 高，这就涉及用户习惯的问题，可以理解为用户 u_4 相较于用户 u_5 能够更轻易地对事物产生浓烈的兴趣，因此，在最终的用户—兴趣矩阵中，预测到的用户 u_4 的兴趣权重值相较于用户 u_5 普遍较高。

表5–3　最终用户—兴趣矩阵

用户	兴趣				
	i_1	i_2	i_3	i_4	i_5
u_1	50	2.5	3.5	9.1	9.1
u_2	16.3	70	4.7	4.7	4.7
u_3	10	20	30	40	50
u_4	58	28	100	120	150
u_5	90	25.7	18.4	40	30

5.3 基于社交图谱的用户信任网络的构建

5.3.1 社交网络基础理论

(1) 无标度网络理论

社交网络的一个重要理论是无标度网络理论[①]（scale-free），该理论认为现实世界的网络并不是随机网络，网络中节点之间的链接并不是均匀分布，而是符合 ZIPF 定律，也就是 80/20 的马太分布，20% 的节点拥有大量的网络链接，而 80% 的节点只拥有很少的网络链接。只有这 20% 拥有大量链接的网络节点对网络运行起着主导作用，主要原因在于，网络节点在发展过程中是持续增长的，同时，网络中新增加的节点并不是随机选择链接，而是会选择 20% 中已经具有较高链接数的节点来进行链接。

(2) 六度分隔理论

美国米尔格兰姆最早提出该理论，他认为："任何陌生人之间的距离不超过 6 个人。"换句话说，在人类的社会交往中，如果你想结识陌生人，只需要通过 6 次朋友间的中转就可以。这看似荒谬的结论，米尔格兰姆通过实验对其进行了证明。

米尔格兰姆挑选了将近 300 名志愿者参与实验[②]。实验中，要求所有志愿者将一封邮件转给各自的目标人物，而他们可能认识目标人物，也可能不认识，如果不认识，则由志愿者自行判断，传递给他认为最有可能将这封信转给目标人物的朋友，以此类推，直到达到目标为止。实验结果显示，最终很多信件失踪，但是仍然有不少信件到达了目标人物。在这些到达目标人物的信件中，借助朋友中转的次数大概在 2~10 次，也就是说，通过少则 2 次，多则 10 次的朋友中转，信件最终到达目标，平均次数为 5.2，约等于 6。这就是六度分隔理论中"六"的由来。米尔格兰姆的研究激发了更多的学者对人与人之间拓扑关系研究的兴趣，

---

①② 伊斯利. 网络、群体与市场 [M]. 北京：清华大学出版社，2011.

是现代社交网络理论发展的基础。

当社交网络真正出现之后,有学者将六度分隔理论应用于真实的社交网络。Kwak 对 Twitter 的用户数据进行抽样分析,实验结果表明,陌生用户之间的平均距离为 4.2,低于米尔格兰姆的 5.2,这也说明社交网络拉近了人与人之间的距离①。虽然 Kwak 的研究表明,社交网络中用户的距离要小于 6,但是本书沿用了六度分隔理论的观点,将社交网络中信任传递的最大路径长度设置为 6。

(3) 三度影响力理论

社交网络迅猛发展,用户生成内容呈几何级数增长,使基于社交网络的相关研究可用数据的规模也越来越大。Nicholas 和 James 通过对社交网络的深入研究,提出了"三度影响力"理论②。三度影响力理论认为,网络链接的强度随着链接度数的增加而有所变化。这里的链接度数指,两个节点之间建立链接所要经过的边的数目。两个节点之间,如果度数在三度以内,那么称为强链接,强链接除了具有信息传递性,还具有行为传递性,也就是节点之间会互相模仿,而三度以上的节点之间只具有信息的传递性。举例来说,如果某人购买了某商品,那么他的朋友、他朋友的朋友、他朋友的朋友的朋友都有可能在他的影响下购买此商品,但是超过三度,这种行为的模仿可能性就会变得很小。

因此,基于三度影响力理论,本书将其引入信任传递,认为信任的传递主要在于前三步,三步之后的信任不考虑。

5.3.2 社交网络中的信任关系

朋友之间更容易形成信任,因此用户的社交圈构成了信任关系的基础,而用户之间的信任关系又可以通过互相之间的社交活动来持续强化。根据三度影响力理论,当用户之间具有强联系时,用户之间的行为会复制,因此,在信任关系下,推荐会更有效率。从个性化推荐的角度,基于用户的信任关系来研究推荐,对推荐结果的满意度具有重要的意义。

---

① KWAK H, LEE C, PARK H, et al. What is Twitter, a social network or a news media? [C] //Proceedings of the 19th international conference on World wide web. ACM, 2010:591 - 600.
② CHRISTAKIS N, FOWLER J. 大连接 [M]. 北京:中国人民大学出版社, 2013.

(1) 信任的概念

信任的起源是人的心理,最初作为心理学的概念受到人们的关注。随着研究的深入,信任的概念广泛影响了心理学、社会学、管理学、经济学以及计算机科学等诸多领域,而受研究领域的限制,对信任的研究视角以及利用信任所要解决的问题都存在着差异,因此对于信任的概念和内涵,不同学科在定义上也存在着差异[1]。

心理学对信任的研究从个人的心理层面来展开。从心理角度来看,信任是通过个人行为所表现出来的相对稳定的人格特质,如诚实守信、遵守诺言等。Rotter认为一个人对另一个人的信任,是指对对方的承诺具有可靠的期望[2]。周林轲基于Rotter对信任的定义,研究了用户之间产生信任的前提,主要包括以下几点:对被信任者具有熟悉性,与被信任者之间具有兴趣认同性,对被信任者具有身份认同性,等等[3]。

社会学研究的对象不再是个人的心理,而是社会群体,研究的内容主要包括信任关系对社会群体的社交活动的影响,以及影响社会群体中个体之间信任关系的因素[4]。Kamvar认为信任是人与人之间的依赖关系,构成了人类社会活动中社会群体的社会属性,通过构建社会群体内部的信任关系,可以降低对社会活动中非法行为的监督与惩罚的成本,促进社会群体中个人之间的合作[5]。David用概率的观点对信任的形成进行了阐释,认为信任是对某种行动的主观概率判断[6]。

管理学认为,通过构建信任关系,可以建立用户之间或用户对组织的依赖,从而降低决策过程中的不确定性,对交易过程中由于不信任而产生的监督和惩罚

---

[1] 张富国. 基于信任的电子商务个性化推荐关键问题研究 [D]. 南昌:江西财经大学, 2009.

[2] SCHILD H O. PA, A new scale for the measurement of drug antagonism [J]. British Journal of Pharmacology, 1997, 120 (S1): 27-28.

[3] 周林轲. 电子商务中基于信任的推荐算法研究 [D]. 长沙:湖南大学, 2011.

[4] 杨庆. 消费者对网络商店的信任及信任传递的研究 [D]. 上海:复旦大学, 2005.

[5] KAMVAR S D, SCHLOSSER M T, GARCIA-MOLINA H. The Eigentrust algorithm for reputation management in P2P networks [C] // International Conference on World Wide Web. ACM, 2003: 640-651.

[6] DAVID C. Trust: making and breaking cooperative relations [J]. The Economic Journal, 1989, 99 (394): 201.

成本的降低，以及提升用户的交易体验都具有积极的作用。

经济学家认为信任是个人对双方关系进行理性评估之后的结果，是通过衡量计算之后得出的结论。张维迎①将信任定义为博弈的过程，是人与人之间为了形成长期稳定的关系，以及维持个人声誉而在交往过程中通过多次博弈而最终建立起来的关系。蔡家琪②认为从长期利益的角度考虑，信任是维持长期利益的最小成本开支的手段。

计算机领域专家在社交网络诞生以来对信任也展开了深入的研究。何友沁认为信任可分为基于用户行为的信任和基于用户身份的信任③。基于用户行为的信任是指根据用户的历史行为来判断其是否具备提供某种服务的能力；基于用户身份的信任是指通过对用户身份的研究，来判断用户是否具备某种权限的资格。Jøsang 等④从产生信任的层面角度，将信任分成了两类：基于心理层面的可靠信任和基于行为层面的决策信任。前者是信任者对被信任者的主观期望的概率，后者是在制定决策过程中个体对决策安全感的程度评估。

在信息推荐领域，也有学者对信任进行了研究。Mui 等⑤认为信任是用户之间通过网络交互，而对对方产生决策依赖的主观期望。Golbeck⑥认为如果用户对模仿另一用户的行为具有好的预期，则认为该用户对另一个用户具有信任关系，信任的强度可以通过信任度来衡量。在电子商务推荐领域，信任被定义为某个用户对模仿其他用户的购买行为而产生好的结果预期的主观判断。

信任和信誉在中文的表达上具有相似性，但在参与的对象上存在细微的差别。信任强调的是个体之间的信赖关系，而信誉强调的是群体或组织对个体的影

---

① 张维迎. 信息、信任与法律［M］. 上海：三联书店，2003.
② 蔡家琪. 用新制度经济学的角度去分析社会信用［J］. 西部皮革，2017，39（6）：106－106.
③ 何友沁. 基于信任的推荐方法及应用研究［D］. 大连：大连理工大学，2014.
④ JøSANG A，ISMAIL R，BOYD C. A survey of trust and reputation systems for online service provision［J］. Decision support systems，2007，43（2）：618－644.
⑤ MUI L，MOHTASHEMI M，HALBERSTADT A. A computational model of trust and reputation［C］//System Sciences，2002. HICSS. Proceedings of the 35th Annual Hawaii International Conference on. IEEE，2002：2431－2439.
⑥ GOLBECK J A. Computing and applying trust in web-based social networks［D］. Maryland：University of Maryland College Park，2005.

响程度。这两个概念在推荐领域被统一起来，如果将信任划分为全局信任和局部信任的话，那么信誉作为群体的影响力表达被划为全局信任，而局部信任则表示个体之间的信赖关系。

本书从电子商务推荐领域出发，对信任给出如下定义：信任是用户依赖其他用户行为，对其可信赖度进行的主观评估。决定用户可信赖度的因素，除了其信誉、能力等个人特质之外，还与其和其他用户之间的兴趣相似度有关。同时，信任关系一旦建立，并非永存不变，而是随着情境的变化，信任强度会发生改变，甚至会消失。

信任度是对用户之间信任关系强度的表示，介于 0~1，完全信任用 1 表示，完全不信任用 0 表示。不同用户通过信任建立关联，节点表示用户，边表示信任关系，边的权值表示用户之间的信任度，由此构建信任网络，如图 5-3 所示。其中，节点为用户，包含 6 个用户，用户之间的边表示他们之间的信任关系，边的权值为信任度，用户 1 有边指向用户 2，说明用户 1 对用户 2 具有信任度，且信任度为 0.7。

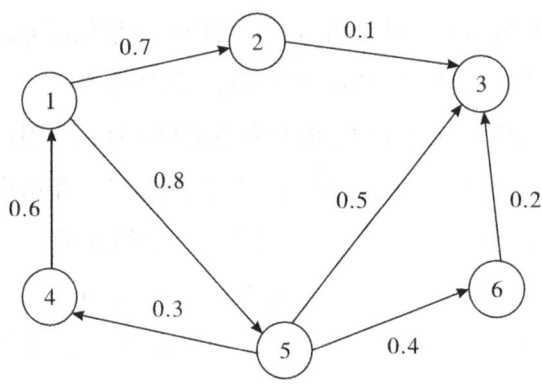

图 5-3 信任网络示例图

(2) 信任的特性

依据前文对信任的定义，对 Abdul-Rahman 等[①]的思想进行总结，信任的特性

---

① ABDUL-RAHMAN A, HAILES S. Supporting trust in virtual communities [C] //System Sciences, 2000. Proceedings of the 33rd Annual Hawaii International Conference on. IEEE, 2000: 9 pp. vol. 1.

可概括为：主观性、非对称性、条件传递性、情境相关性、可度量性、动态性、模糊性、时效性等。

主观性：一个用户对另一个用户是否具有信任关系，是该用户的主观判断，不具有客观性，因此即使是同一个用户，不同用户对其信任程度也可能存在差异。

非对称性：非对称性是指形成信任关系的双方并不具备对称关系，即用户甲信任用户乙，并不代表用户乙也信任用户甲，即使甲乙之间存在互相信任关系，那么他们在对对方的信任强度上也可能存在差异。

条件传递性：如果用户甲信任用户乙，用户乙信任用户丙，那么用户甲可能也信任用户丙。但是这种信任并不是必然成立的，存在条件约束，比如三个用户具有共同的兴趣爱好等。另外，信任在传递过程中会逐渐衰减。

情境相关性：情境相关性是指信任的建立还受用户所在情境的约束，当情境发生变化时，信任也会发生改变，或者信任度会增加或降低，或者信任会产生或消失。

可度量性：信任的可度量性是指为了对信任进行量化研究，精确地计量两个用户之间的信任关系，通过一定的计量公式对信任进行度量。

动态性：由于信任是有条件约束的和有情境相关性的，因此，当条件和情境发生变化时，信任也会发生变化，即信任具有动态性①。在用户关系中，信任是一种较脆弱的关系，很难建立，很容易消失。一般情况下，信任会受经验的影响，当用户接收到更多关于对方正面反馈的信息时，信任关系会增强，反之则减弱。信任也受关系双方交互频次的影响，如果双方在一定时间内交互频次减少，甚至不交互，则其信任关系也会发生衰减。

模糊性：信任具有模糊性，信任与不信任之间没有清晰的界限。

时效性：信任的产生和对用户产生的影响是有时间限制的，过去的信任关系对用户当下的行为会有影响，但是影响的程度会比信任关系建立时要轻，而且随着时间的流逝，这种关系会逐渐减弱。

---

① LIU D R, LAI C H, CHIU H. Sequence-based trust in collaborative filtering for document recommendation [J]. International Journal of Human-Computer Studies, 2011, 69 (9): 587 – 601.

(3) 信任关系影响因素

在社会网络中,同一用户对不同角色的信任度是不同的,如果对方在网络中具有更高的地位,扮演更重要的角色,那么他更容易让一般用户产生信任感[1],实际生活中的信任更容易来自自己熟悉的人或身边的人,比如朋友、亲属、同事等[2]。在社会网络中,如果两节点之间的交互越频繁,则说明他们之间的关系强度越高[3],他们之间的信任关系也越强[4]。研究证明,大部分用户更信任来自朋友的推荐而不是系统,超过60%的用户根据朋友的推荐来制定购买决策[5]。

研究表明,另一个影响用户信任度的因素是用户之间的共同兴趣。新妈妈们由于对母婴产品具有共同的兴趣,而更容易建立信任关系。共同的兴趣爱好,直接决定了用户对其判断的信任感。"物以类聚,人以群分"中群分的标准,可以是兴趣,共同的兴趣让不同的用户聚在一起,而频繁的交互则会产生信任,同时由于信任会促进交互再次发生,以此形成良性循环,不断叠加,提升信任强度。

何友沁[6]认为四种行为能反映某个用户是否对其他用户产生了兴趣,并通过其交互程度来度量他们之间产生的信任关系,这四种行为是社交网络中的关注、评论、转发以及提及。关注直接反映了用户对被关注者的兴趣,并且希望通过对方发布的信息更深一步地了解对方,或者是从对方发布的信息中获取自己感兴趣的内容,愿意去了解,从一定程度上反映了对对方的认同。评论,用户阅读对方发布的信息,对于感兴趣的,或引起共鸣的或并不认同的内容,通过评论的形式

---

[1] LIU G, WANG Y, ORGUN M. Trust inference in complex trust-oriented social networks [C] //Computational Science and Engineering, 2009. CSE'09. International Conference on. IEEE, 2009, 4: 996 – 1001.

[2] BI B, MA H, HSU B J P, et al. Learning to recommend related entities to search users [C] //Proceedings of the Eighth ACM International Conference on Web Search and Data Mining. ACM, 2015: 139 – 148.

[3] 方曙光. "弱关系"和"强关系"下的网络互动和网络运动 [J]. 北京理工大学学报(社会科学版), 2014, 16 (2): 135 – 141.

[4] SHERCHAN W, NEPAL S, PARIS C. A survey of trust in social networks [J]. ACM Computing Surveys (CSUR), 2013, 45 (4): 47.

[5] SINHA R R, SWEARINGEN K. Comparing recommendations made by online systems and friends [C] //DELOS workshop: personalisation and recommender systems in digital libraries, 2001: 106.

[6] 何友沁. 基于信任的推荐方法及应用研究 [D]. 大连:大连理工大学, 2014.

来表达自己的观点和态度,评论的前提是阅读过对方的内容,因此评论在一定意义上也是用户和对方交互的反映。转发,则表明用户不仅对对方感兴趣,而且通过深入了解之后,对其发布的信息具有深切的认同感,同时在自己的社交圈中发布和分享,以扩大其影响。提及是用户通过@对方的方式来向其分享自己感兴趣的信息,这种"与众乐乐"的心理活动正反映了用户对对方的关注。

在实际的应用中,很多网站都提供了用户直接标注信任关系的功能,比如Epinions、豆瓣、新浪微博等,用户通过标注来直接发布其对其他用户的态度,通过这些标注可以了解用户的直接或间接信任关系①。

用户的社会影响力也是获得其他用户对其信任关系的重要因素之一,社会影响力越高的用户,越容易获得其他用户的信任②。研究表明,具有社会影响力的用户对其他用户购物决策的影响甚至高于相似用户的影响。

通过上述分析可见,信任关系会影响用户决策,因此将信任关系纳入推荐系统的考量是明智之举。而影响信任关系构建的因素主要包括以下几个方面:用户的交互频度、用户的共同兴趣,以及被信任方的社会影响力③。因此,本书在上述影响用户信任因素的基础上,构建用户的信任网络,将用户的信任关系作为推荐列表的考量因素,来提高用户对推荐结果的满意度和接受度。

5.3.3 信任网络的构建

(1) 基本原理

基于推荐的前提,前文对信任进行了定义,信任是用户对其他用户的推荐具有满意期望的预期。用户的满意体现在用户多层次和多角度的需求可以通过其他用户的推荐来满足。而推荐的主体之所以被该用户信任,在于该主体在不同的层

---

① Samlinson E, Usha M. User-centric trust based identity as a service for federated cloud environment [C] // Fourth International Conference on Computing, Communications and NETWORKING Technologies. IEEE, 2014: 1-5.

② 张富国. 基于社交网络的个性化推荐技术 [J]. 小型微型计算机系统, 2014, 35 (7): 1470-1476.

③ Ma D, Song D, Liao L. Incorporating social actions into recommender systems [C] //International Conference on Web-Age Information Management. Springer, Berlin, Heidelberg, 2013: 698-704.

次和角度上都具有推荐的能力。综上,被信任者在多因素下的推荐能力能够满足用户多角度的综合需求,即构成两者之间的信任。信任网络模型原理如图 5-4 所示。

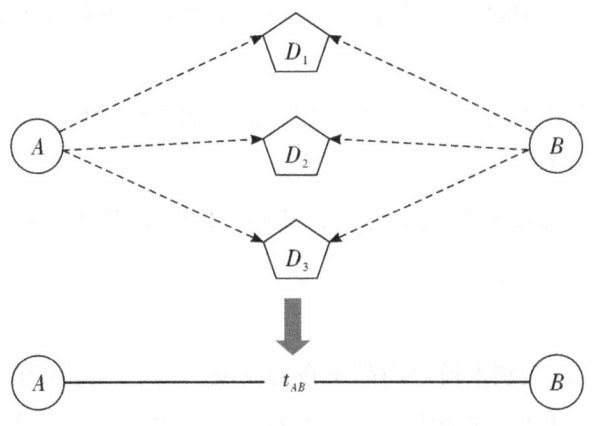

图 5-4 信任网络模型原理图

图 5-4 中,A,B 表示用户,D_1,D_2,……表示各个不同的领域,用户 A 在不同领域的主观需求通过用户 B 在不同领域的推荐能力来实现,实现程度的预期即体现为用户 A 对用户 B 的信任,用 t_{AB} 来表示。

在上述信任模型中,为了实现用户 A 对用户 B 的信任度的衡量,引入两个概念——领域交互度和领域信誉度。前者表示用户 A 在某领域的偏好,后者表示用户 B 在该领域的推荐能力。

(2) 直接信任度的计算

Kim 等[①]定义领域交互度为用户 A 在不同领域与该领域内商品的交互次数,同时将领域信誉度通过用户 B 在不同领域的评分信息来衡量。但是,根据前文分析,信任会随着时间的推移而有所衰减,因此,领域交互度和领域信誉度也会有一个随时间而衰减的过程,Kim 等的研究忽略了时间线上的衰减,导致推荐的时效性存在瑕疵,本书对此进行了弥补,引入时间衰减函数来提高计算的准确性。

---

① KIM Y A, LE M T, LAUW H W, et al. Building a web of trust without explicit trust ratings [C] //Data Engineering Workshop, 2008. ICDEW 2008. IEEE 24th International Conference on. IEEE, 2008: 531-536.

本书将用户 A 和与之有直接交互的用户 B 之间的信任度定义为直接信任度，且用户 A 对用户 B 的直接信任度与用户 A 的领域交互度和用户 B 的领域信誉度有关。领域交互度和领域信誉度的定义如下：

领域交互度是指通过对用户与领域内商品交互频次的计算来实现用户对本领域需求的描述。

领域信誉度是指通过对用户与领域内商品数据进行分析衡量，从而获取其在该领域内的推荐能力。

本书以领域交互度和领域信誉度为基础，构建了用户直接信任度的计算模型，具体计算步骤如下：

①设定领域。

查叶飞[①]以商品类别来设定商品所在的领域，本书借鉴此方法，通过追寻商品的类别归属来获取其所在领域，并对所有商品指定领域，为后文的领域交互度计算和领域信誉度计算做准备。

②计算时间衰减度。

本书利用指数衰减函数[②]来计算时间在用户信任变化过程中的影响，其计算方法如公式 5.6 所示：

$$f(\Delta t) = e^{-\lambda \Delta t} \tag{5.6}$$

根据公式表明，衰减的过程并不是线性的，而是随着时间的流逝，呈现先快后慢的过程。Δt 表示衰减的时间，λ 通过人工设定，λ 值越大，衰减速度越快，因此 λ 决定了指数衰减函数衰减的速度。在以往的经验中，用户对不同领域的需求持久度是不一样的，也就意味着用户对不同领域的兴趣衰减的速度是不一样的，兴趣持久度高的领域，用户的兴趣衰减缓慢，而兴趣持久度低的领域则兴趣衰减迅速。因此，针对不同的领域，应该确定不同的 λ 值来衡量其不同的衰减速度。

为了确定不同领域内的 λ 值，将系统时间离散等分成 n 个时间段，按照 1，

---

① 查叶飞. 基于可信机制及用户偏好模型的推荐技术的研究与应用 [D]. 南京：东南大学，2015.

② ZHANG Y, LIU Y. A Collaborative filtering algorithm based on time period partition [C] // Third International Symposium on Intelligent Information Technology and Security Informatics. IEEE Computer Society, 2010：777 – 780.

2，…，n 的顺序给每个时间段编号。一条评论衰减的时间 Δt，指的是当前时间与评论发布时间之间时间段的编号之差。如果用户在一段时间内，对某领域商品持续评论，那么可以认为该用户在这段时间内对该领域具有持续的兴趣。本书对持续评论的假定是通过在某时间段内对该领域的评论数来确定的，一段时间内评论数多，则表示这段时间用户对该兴趣类别一直保有较好的关注度。基于此，构建了衰减因子模型：

$$\lambda_{u,d} = 1 - \frac{\mathrm{num}(d)}{t_{\mathrm{now}} - t_{\mathrm{first}}^{d} + 1} \tag{5.7}$$

其中，t_{now} 是当前时间所在时间段的编号，t_{first}^{d} 是用户 u 对领域 d 内商品发布第一条评论的时间所在时间段的编号，num(d) 是从用户对该领域内商品发布第一条评论开始算起，到当前时间所在的时间段，用户发布过评论的时间段的个数。在衰减时间内，发布评论的时间段个数越多，则 num(d) 越大，$\lambda_{u,d}$ 越小，衰减越缓慢。

③计算领域交互度。

Kim 等[1]定义了亲密度，用于计算某个用户对某一领域的亲密程度，见公式 5.8。其中 $A_{i,j}$ 是用户 i 对领域 j 的亲密度，$a_{i,j}$ 表示用户 i 对领域 j 内商品的评论次数，用户对领域内商品评论的次数越多，则认为该用户对该领域亲密度越高，反之越小，计算公式如下：

$$A_{i,j} = \frac{a_{i,j}}{\max\limits_{c \in \mathrm{all\ category}}(a_{i,c})} \tag{5.8}$$

本书定义领域交互度来表示用户对领域内商品的需求情况。Kim 的公式强调了用户与领域内商品的交互频次，但是忽略了交互在时间延续过程中的衰减对用户产生的影响。因此，本书在借鉴 Kim 公式的基础上做了改进，引入时间衰减度，用于描述交互随着时间的流逝对用户的影响力也会发生的变化情形。定义用户领域交互度计算公式如 5.9 所示：

---

[1] KIM Y A, LE M T, LAUW H W, et al. Building a web of trust without explicit trust ratings [C] //Data Engineering Workshop, 2008. ICDEW 2008. IEEE 24th International Conference on. IEEE, 2008: 531-536.

基于三层知识融合的电子商务推荐模型研究

$$A_{u,d} = \frac{\sum_{i \in RI_u^d} e^{-\lambda_{u,d}\Delta t_{u,i}}}{\max\left\{\sum_{i \in RI_u^{d'}} e^{-\lambda_{u,d'}\Delta t_{u,i}} \mid d' \in \text{all doman}\right\}} \quad (5.9)$$

其中，$\lambda_{u,d}$ 表示用户 u 对领域 d 的兴趣衰减因子，$\lambda_{u,d}$ 可通过公式 5.7 计算获得，$\Delta t_{u,i}$ 表示用户 u 对领域 d 内商品 i 的评论发布时间与当前时间的时间段之差，$e^{-\lambda_{u,d}\Delta t_{u,i}}$ 表示该条评论从发布到当前时间的衰减度，RI_u^d 表示用户 u 对领域 d 所有评分商品的集合，$\max\left\{\sum_{i \in RI_u^{d'}} e^{-\lambda_{u,d'}\Delta t_{u,i}} \mid d' \in \text{all doman}\right\}$ 表示用户 u 对所有领域在考虑时间衰减度后评论次数的最大值。

④计算领域信誉度。

Kim 等[①]引入领域信誉度的概念，用于描述用户在某个领域内提供准确推荐的能力，公式如下：

$$\bar{u}_i = \left(1 - \frac{1}{n_{u_i} + 1}\right) \times \frac{\sum_{j \in R(u_i)} \bar{r}_j}{n_{u_i}} \quad (5.10)$$

其中，$\bar{u}_i$ 是用户 u_i 的领域信誉度，n_{u_i} 是用户 u_i 在某一领域中发布评论的条数，$R(u_i)$ 是用户 u_i 基于这一类别发布的所有评论集，$\bar{r}_j$ 表示评论质量。

从 Kim 的公式可以看出，用户的领域信誉度主要取决于两个方面，一是用户在领域内的评论数量，二是用户在领域内发布评论的质量。用户在领域内发表的评论越多，则证明该用户在该领域的参与度越高，认为其对领域内商品具有很好的了解，具备推荐的能力。评论的质量可以通过其他用户对评论的打分获取，比如亚马逊提供用户对其他用户的评论，可以设置"有用"或"没用"的二分制，以此来判断用户的评论价值。Epinions 将评论的质量划分个等级——没用、有点用、有用、很有用、非常有用，依次表示评论的价值越来越高，用 1~5 分别对应上述五个等级的价值，评论价值越高，则该条评论越有用。对某用户领域内发布的所有评论价值进行综合即得到该用户的领域信誉度评价，用以表征该用户的推荐能力。

---

① KIM Y A, LE M T, LAUW H W, et al. Building a web of trust without explicit trust ratings [C] //Data Engineering Workshop, 2008. ICDEW 2008. IEEE 24th International Conference on. IEEE, 2008: 531-536.

除此以外，本书认为影响用户信誉度的还有一个重要因素——时间，用户在多年前密集发布质量高的评论，只能说明该用户在当时具有较好的领域信誉度，但现在，其领域信誉度需要重新衡量。因此，本书在借鉴 Kim 领域信誉度公式的基础之上加入时间衰减的影响，引入了时间衰减度，具体计算公式如下：

$$E_{u,d} = \left(1 - \frac{1}{|RI_u^d| + 1}\right) \times \frac{\sum_{i \in RI_u^d} h_{r_{u,i}} e^{-\lambda_{u,d} \Delta t_{u,i}}}{\sum_{i \in RI_u^d} e^{-\lambda_{u,d} \Delta t_{u,i}}} \tag{5.11}$$

其中，RI_u^d 表示用户 u 对领域 d 内商品的评论数目，$h_{r_{u,i}}$ 表示 $r_{u,i}$ 这条评论的价值，以评分的形式来表示，映射在 [0，1] 区间内。

⑤计算直接信任度。

用户 u 对用户 v 推荐的接受度取决于用户 u 对用户 v 的信任度，这里的信任度表现为直接信任度，通过用户 u 在所有领域的交互度和用户 v 在所有领域的信誉度获取，用户 u 领域交互度和用户 v 领域信誉度越高，则用户 u 对用户 v 的信任度越高，因此，直接信任度的计算公式如下：

$$T_{u,v} = \frac{\sum_{d \in \text{all domain}} IA_{u,d} E_{v,d}}{\sum_{d \in \text{all domain}} IA_{u,d}} \tag{5.12}$$

其中，$IA_{u,d}$ 表示用户 u 在领域 d 的交互度，$E_{v,d}$ 表示用户 v 在领域 d 的信誉度。

（3）基于传递的间接信任度量

间接信任不同于直接信任，用户之间不发生直接的实体交互，而是根据信任的传递性，使两个用户在不直接交互的情况下建立信任关系[①]。由于信任传递具有选择性和条件性，因此，信任传递是复杂的。复杂性在于，用户甲信任用户乙，而反之并不一定，或者用户甲只信任用户乙的一部分，而同时用户乙对用户丙的信任也具有相同的特征，那么在传递的过程中，信任的程度会随着用户的选择而发生衰减。信任的条件性体现在信任的传递是基于一定条件的，当条件发生变化时，信任的传递会受到影响。

为了研究推荐中的信任关系，傅敏认为影响推荐结果的不仅有信任关系，还

---

① 袁金凤. 基于信任扩散机制的推荐系统研究 [D]. 重庆：西南大学，2014.

有不信任关系,通过特殊的存储模式,利用递归原理对用户之间的信任和不信任关系进行评估,并分别将其作为推荐过程中的加权因子,用以提升推荐的质量①。Fuguo认为信任的构建是以领域为前提的,在对用户的多领域兴趣进行研究时,提出了基于领域信任度的推荐模型,研究结果表明,该模型对推荐结果的准确性有很大的提高②。基于信任的可扩散性,袁金凤认为无直接交互的用户之间也可以具有信任关系,称为间接信任关系。以概率模型为基础,对信任扩散模型进行改造,将信任度引入推荐系统中的相似度计算,避免仅通过用户历史行为进行相似度计算造成的准确率不足。在实际操作过程中,为了降低计算复杂度,提升系统性能,首先对总体可信度过小的用户进行过滤,降低其干扰性,从而提升系统在时间复杂度上的性能。

间接信任的度量,其实质是在考虑信任扩散和衰减的基础上,对信任路径上的直接信任度的计算。Christianson等③通过实验证明了,信任在传递的过程中并不是等值传递的,而会有一个逐渐衰减的过程。Massa等④的研究表明信任的衰减度并不是线性的,而会经历一个从慢到快的过程,两个用户之间距离越近,其信任的衰减越少;距离越远,信任衰减越多。因此,基于信任网络他们提出了信任衰减度的衡量公式 $s = (d - n + 1)/d$,其中,d 表示信任可传递的最远距离,n 表示在信任网络中用户之间的最短路径长度。

Jøsang等⑤在其论文中对信任衰减的过程进行了详细的度量,发现信任的衰减期随着路径的延伸可以分为三段:首先,在被信任者较近的距离范围之内,信任的衰减速度最慢,然后有一段距离会快速衰减,最后随着距离的更远,衰减速度也逐渐减缓,直至信任度趋近于0。

---

① 傅敏. 基于信任和不信任的协同过滤推荐模型研究 [D]. 秦皇岛:燕山大学,2012.

② FUGUO Z. Research on trust based collaborative filtering algorithm for user's multiple interests [J]. Journal of Chinese Computer System,2008,29(8):1415 – 1419.

③ CHRISTIANSON B,HARBISON W S. Why isn't trust transitive? [C] //International workshop on security protocols. Springer,Berlin,Heidelberg,1996:171 – 176.

④ MASSA P,AVESANI P. Trust-aware collaborative filtering for recommender systems [J]. CoopIS/DOA/ODBASE(1),2004,3290:492 – 508.

⑤ JøSANG A,GRAY E,KINATEDER M. Analysing topologies of transitive trust [C] //Proceedings of the First International Workshop on Formal Aspects in Security & Trust(FAST2003). Pisa,Italy,2003:9 – 22.

前面的学者对于信任衰减的研究主要是从定性的角度来展开，缺乏精确的度量。Liu 等[1]在考虑信任衰减的基础上，对在传递过程中信任的度量进行了定量的分析，并提出了三种解决方案，分别是乘法策略、平均策略，以及置信度策略。

①乘法策略[2][3]，是将信任路径上所有路段的直接信任度进行乘法计算，所得的乘积即为两目标用户之间的间接信任度，即如果 A 直接信任 B，且信任度为 T_{AB}，B 直接信任 C，且信任度为 T_{BC}，那么 $T_{AC} = T_{AB} \cdot T_{BC}$。

②平均策略[4]，是对信任路径上的所有路段的直接信任度进行加权求和，结果即为两目标用户之间的间接信任度，即 $T_{AC} = \alpha \cdot T_{AB} + \beta \cdot T_{BC}$，$\alpha$，$\beta$ 表示信任路径上各段路径信任度的权重。

③置信度策略[5]，是以证据理论为原理，将 T_{AB}，T_{BC} 作为计算 T_{AC} 时的证据，通过 T_{AB}，T_{BC}，以及 A 对 T_{BC} 的置信度 C_A（可通过 A，B 之前的兴趣相似度来计算 C_A），来计算 A，C 之间的间接信任度。

上述三种策略都能从一定程度上反映用户信任在传递过程中的衰减，但是各自存在缺陷，乘法策略会导致信任衰减过快，平均策略和置信度策略不能体现信任衰减的三段式。为了衡量信任通过传递对用户的影响，本书定义间接信任度概念，并描述其求解过程如下：

间接信任度：两用户之间不具有直接信任关系，但是由于信任具有传递性，通过对用户间信任路径上的直接信任采用一定的算法所计算出的两用户之间的信任关系的度量值，称为间接信任度。间接信任度的计算过程可以描述为计算信任衰减度、计算直接信任置信度、计算间接信任度三个步骤。

---

[1] LIU G, WANG Y, ORGUN M A. Trust transitivity in complex social networks [C] // AAAI. 2011, 11 (2011): 1222 - 1229.

[2] WALTER F E, BATTISTON S, SCHWEITZER F. A model of a trust-based recommendation system on a social network [J]. Autonomous Agents and Multi-Agent Systems, 2008, 16 (1): 57 - 74.

[3] LI L, WANG Y, LIM E P. Trust-oriented composite service selection and discovery [J]. Service-Oriented Computing, 2009: 50 - 67.

[4] GOLBECK J, HENDLER J. Inferring binary trust relationships in web-based social networks [J]. ACM Transactions on Internet Technology (TOIT), 2006, 6 (4): 497 - 529.

[5] KUTER U, GOLBECK J. Sunny: A new algorithm for trust inference in social networks using probabilistic confidence models [C] //AAAI. 2007, 7: 1377 - 1382.

①计算信任衰减度。

本书将信任传递的次数定义为"跳数"。"六度分隔理论"认为在社交网络中,用户之间的最大距离为6,据此,本书设置信任传递的最大跳数为6。另外,结合"三度影响力理论"和"信任衰减三段论",本书认为在跳数3以内的信任衰减缓慢。因此,本书定义了信任衰减度的计算公式如下:

$$D(k) = \begin{cases} 1 - e^{[k-(m+1)]} & (k \geq 2) \\ 1 & (k = 1) \end{cases} \quad (5.13)$$

其中,k 表示节点之间的跳数,$D(k)$ 表示节点之间信任传递的衰减度,m 表示节点之间的最大跳数,这里指定为6。当 $k=1$ 时,节点之间的信任是直接信任,不存在衰减。当 $k \geq 2$ 时,信任在传递过程中会逐渐衰减;当 $k \geq 4$ 时,衰减的速度会逐渐减缓。

②计算直接信任置信度。

置信度计算的假设前提是,信任度越高则越值得信任,即在信任网络中,直接信任度高的路径,其置信度也高。为了计算置信度,本书将直接信任度划分为三级:非常信任、一般信任和不太信任,如图5-5所示。计算信任网络中所有节点之间的直接信任度,取直接信任度中的最大值和最小值,构建直接信任度区间,并将区间划分为三等分,取其中的等分点作为不太信任和一般信任,以及一般信任和非常信任的分界点。

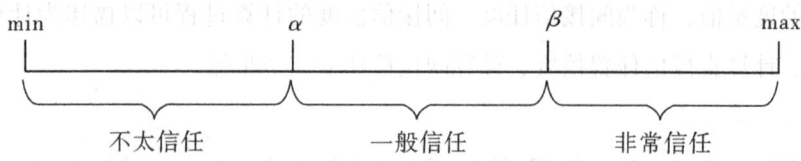

图5-5 信任网络中直接信任度等级划分图

上图中,min,max 分别表示信任网络中节点之间直接信任度的最小值和最大值。不太信任和一般信任之间的分界点为 α,其取值为 $\alpha = \min + (\max - \min)/3$;一般信任和非常信任之间的分界点为 β,其取值为 $\beta = \max - (\max - \min)/3$。在图5-5中,信任网络中所有节点之间的直接信任度都可在区间上找到相应的定位,从而判断其所在的等级。因此,对直接信任度置信度的计算也可以划分为三个区间,假设 $T_p(k)$ 表示在信任路径 p 上第 k 个节点到第 $k+1$ 个节点之间的直接信任度，根据 $T_p'(k)$ 所在的区间不同，构建每个直接信任度的置信函数 $C(k)$，如公式 5.14 所示：

$$C(k) = \begin{cases} \dfrac{1}{1+(\alpha - T_p(k))^2} \times \alpha & (T_p(k) \leqslant \alpha) \\ \dfrac{1}{1+(\beta - T_p(k))^2} \times \beta & (\alpha < T_p(k) < \beta) \\ \dfrac{1}{1+(\max - T_p(k))^2} \times \max & (T_p(k) \geqslant \beta) \end{cases} \quad (5.14)$$

③计算间接信任度。

间接信任度的计算是基于信任路径而来的，本书利用前文定义的直接信任度、信任衰减度和直接信任度的置信度等三个概念，共同定义了间接信任度的计算模型，如公式 5.15 所示：

$$SP\_T_p = \frac{\sum_{k=1}^{length(p)} T_p(k) \times D(k) \times C(k)}{\sum_{k=1}^{length(p)} T_p(k)} \quad (5.15)$$

其中，SP_T_p 表示信任路径 p 上起始点到终点的间接信任度，length(p) 表示用户统计信任路径 p 的长度，$D(k)$ 表示信任在信任路径传递过程中从第 k 个节点到第 $k+1$ 个节点的衰减度，$C(k)$ 表示第 k 个节点到第 $k+1$ 个节点的直接信任置信度。

基于以上信任度的计算可以构建用户的信任网络。

5.4 基于兴趣图谱和社交图谱融合的用户需求模型

用户需求的获取数据源主要来自两部分：用户兴趣和用户的社会关系。用户兴趣通过用户的历史行为数据获得，用户的社会关系显示了用户的社交圈，在一定程度上会影响用户的购买行为①。

融合社交网络的需求获取主要分为两类，一类是基于记忆的需求获取，一类是基于模型的需求获取①。基于记忆的需求获取，通过用户间的社会关系来对基本的协同过滤相似度进行改进，从而挖掘用户需求。Yuan 等利用信任感知，来挖掘社交网络，寻找目标用户的邻居，通过对邻居项目评分矩阵的聚合实现对目标用户需求的预测②。Massa 等利用深度优先图游走，通过信任传播来计算目标用户的例句③。Jamali 等不仅考虑用户间信任度，还考虑了物品相似度，将两者融合来实现对用户需求的预测④。

基于记忆的用户需求获取主要是通过用户本身的评分矩阵、用户朋友的评分矩阵，以及其之间的关系来预测用户的需求。这些算法主要通过用户间的相似度或者是通过信任传播来计算相似度，具有较高的复杂性。另外，大部分算法对社交网络中的积极关系花了大量的精力进行研究，而对社交网络中的消极关系则关注较少，比如不信任关系。

基于模型的用户需求预测主要通过矩阵分解来实现。矩阵分解是通过降低维度来缓解数据稀疏性造成的影响，之后以信任作为预测前提，来实现目标用户潜在需求的预测⑤⑥。Ma 等对用户评分矩阵进行降维，然后假设用户潜在偏好的特

---

① TANG J, HU X, LIU H. Social recommendation：a review ［J］. Social Network Analysis & Mining，2013，3（4）：1113 – 1133.

② YUAN W, GUAN D, LEE Y K, et al. Improved trust-aware recommender system using small-worldness of trust networks ［J］. Knowledge-Based Systems，2010，23（3）：232 – 238.

③ MASSA P, AVESANI P. Controversial Users Demand Local Trust Metrics：An Experimental Study on Epinions. com Community. ［C］// The Twentieth National Conference on Artificial Intelligence and the Seventeenth Innovative Applications of Artificial Intelligence Conference，July 9 – 13, 2005，Pittsburgh，Pennsylvania，Usa. DBLP，2005：121 – 126.

④ JAMALI M, ESTER M. TrustWalker：a random walk model for combining trust-based and item-based recommendation ［C］// ACM SIGKDD International Conference on Knowledge Discovery and Data Mining. ACM，2009：397 – 406.

⑤ JAMALI M, ESTER M. A matrix factorization technique with trust propagation for recommendation in social networks ［C］// ACM Conference on Recommender Systems. ACM，2010：135 – 142.

⑥ MA H, ZHOU D, LIU C, et al. Recommender systems with social regularization ［C］// Forth International Conference on Web Search and Web Data Mining，WSDM 2011，Hong Kong，China，February. 2011：287 – 296.

征空间与社会化空间相同,从而实现社交信息与兴趣信息的融合,其缺点在于缺乏对信任关系方向性的考虑[1]。在利用矩阵分解实现降维的同时,还考虑信任关系的方向性,将信任关系矩阵映射到两个低维空间——信任空间和被信任空间,之后融合两者中的信任关系,结合之前的评价数据,共同构成新的推荐[2][3][4]。

用户兴趣图谱反映了用户的兴趣和偏好,用户的社交网络可以反映用户的社会关系,如信任关系和不信任关系等。比如,在大众点评网的网站上,用户可以对商品进行购买和打分,或者贴标签、写评论。用户可以通过浏览各商品来判断是否购买,也可以通过阅读别人的评价,包括评分、评论、标签等。当用户有购买需求时,通过浏览和阅读评论来辅助决策,如果用户赞同这些观点,认为其可用,则将这些评论者加入到信任列表中;用户认为这些评论失实或不可信,则将这些评论者加入到不可信任列表中。由于不信任关系不像信任关系具有简单的传播特性,因此,利用信任的传递性,对其进行降维处理,再根据之前的假设前提——兴趣同时对信任双方的人共同作用,提出用户兴趣模型。对于不信任关系,将其作为求解兴趣的约束,利用正则表达式来实现。最终实现用户偏好与用户社交关系的融合,精准定位用户需求,为提高推荐精度打基础。

以上模型虽然很好地融合了社交网络中的积极关系,并且相比于基于记忆的需求获取,提升了处理性能,但忽略了不信任对用户的影响。事实研究表明,不信任关系比信任关系对用户的影响更大。已有学者开始对此进行研究,MF + TD 模型就是为了精准获取用户需求,在考虑用户信任关系的同时考虑不信任关系。不信任传播的特殊性使基于信任的模型不能直接在不信任关系上套用。MF + TD 模型在前者基础上进行了改进,将用户项目评分矩阵进行降维后,得到 U 和 V,假设信任关系会拉近用户的距离,而不信任关系则会拉远其间的距离,而距离越

---

[1] MA H, YANG H, LYU M R, et al. SoRec: social recommendation using probabilistic matrix factorization [J]. Computational Intelligence, 2008, 28 (3): 931 – 940.

[2] YANG B, LEI Y, LIU D, et al. Social collaborative filtering by trust [C] // International Joint Conference on Artificial Intelligence. AAAI Press, 2013: 2747 – 2753.

[3] GUO G, ZHANG J, YORKE-SMITH N. TrustSVD: collaborative filtering with both the explicit and implicit influence of user trust and of item ratings [C] // Twenty-Ninth AAAI Conference on Artificial Intelligence. AAAI Press, 2015: 123 – 129.

[4] YAO W, HE J, HUANG G, et al. Modeling dual role preferences for trust-aware recommendation [J]. 2014: 975 – 978.

远，相似性越低。据此构建 MF + TD 模型为：

$$l = \frac{1}{2} \sum_{(u,i) \in \Omega_R} (P_u^T Q_i - R_{ui})^2 + \frac{\lambda_P}{2} \|P\|_F^2 + \frac{\lambda_Q}{2} \|Q\|_F^2 +$$

$$\frac{\lambda_s}{|\Omega_s|} \sum_{(u,v,w) \in \Omega_s} \max(0, 1 - \|P_u - P_v\|^2 + \|P_u - P_w\|^2) \quad (5.16)$$

其中，用户潜在偏好的特征向量的相似度利用欧式距离来表示，相似度之间的间隔利用铰链损失来表示，Ω_s 表示所有的三元组 (u, v, w)，其中，v 是 u 信任的，w 是 u 不信任的。

上述模型将用户间的信任与不信任关系融合进用户偏好，降低了基于用户历史数据推荐的稀疏性和冷启动问题造成的危害，但是算法自身的复杂度等导致算法整体运行时间过长。本书将社会关系中的信任关系和不信任关系分开考虑。首先，将信任关系利用矩阵分解降维到信任空间和被信任空间，再假设用户偏好可以被他信任的人和信任他的人双向影响，融合得到偏好特征。然后，利用用户间不信任关系进行正则项约束，实现用户偏好与用户社交关系的融合，以及精准化用户需求，从而提高推荐精度。基于此，本书提出了 TMUN 模型。

传统推荐中矩阵分解就是利用两个特征空间向量——用户潜在偏好特征空间向量和项目属性潜在特征空间向量。假设 U_u 表示用户 u 的潜在偏好特征空间向量，V_i 表示项目 i 的属性潜在特征空间向量。通过获取用户偏好特征矩阵 $U \in \mathbf{R}^{k \times m}$，以及项目属性特征矩阵 $V \in \mathbf{R}^{k \times n}$，然后利用 $U^T V \approx R$ 回填出评分矩阵 R。可以利用 U_u 和 V_i 的内积来预测用户 u 对项目 i 的评分，即 $R_{ui} = U_u^T V_i$。因此，推荐就是要使预测评分尽可能接近真实的评分 R_{ui}。

假设用图 $G = (V, E)$ 表示用户社会关系。在图中，V 表示用户节点，且每一个用户作为一个节点，E 是图的边，表示用户间的关系，正边表示用户间的信任关系，负边表示用户间的不信任关系。那么用矩阵 $T = \|T_{u,v}\|_{m \times m}$ 来表示用户间的信任关系，用矩阵 $M = \|M_{u,v}\|_{m \times m}$ 来表示用户间的不信任关系。对矩阵中的每一个 $t_{u,v}$ 表示用户 u 信任用户 v，对矩阵中的每一个 $m_{u,v}$ 表示用户 u 不信任 v。但是由于在社交关系中，信任关系并不一定是对称的，也就是说用户 u 信任用户 v，但反之不一定成立，用户 u，v 之间的信任关系并不是相互的。因此，矩阵 T 和矩阵 M 也不一定为对称矩阵。

对矩阵 T 进行降维分解，得到信任特征矩阵 $P^{k \times m}$ 和被信任特征矩阵 $Q^{k \times m}$，

利用 $T \approx P^T Q$ 就可以近似回填信任矩阵。其中，P_u 表示用户 u 信任其他用户的特征因素，Q_u 则表示用户 u 被其他人信任主要依靠的特征因素。而 P 和 Q 主要通过学习损失函数得出，损失函数表示如下：

$$l = \sum_{(u,v) \in \Omega} (P_u^T Q_v - T_{uv})^2 + \lambda_p \|P\|_F^2 + \lambda_Q \|Q\|_F^2 \tag{5.17}$$

然后，利用信任矩阵 T 和评分矩阵 R 进行矩阵分解，构造集成模型。Yang 等考虑了信任的因素，认为 P_u 是用户的读偏好，Q_u 是用户的写偏好[①]，但是并没有综合考虑 Q_u、P_u 对 U_u 的影响。

为了表示用户偏好可以同时被 Q_u，P_u 影响，本模型采用下面的公式来对用户评分进行预测：

$$\widehat{R_{u,i}} = g(\beta P_u^T V_i + (1-\beta) Q_u^T V_i) \tag{5.18}$$

其中，为了使参数学习更容易，这里利用函数 $f(x) = x / R_{\max}$ 将评分 $R_{u,i}$ 映射到 $(0,1]$ 之间，为使数据拟合更容易，利用逻辑函数 g 将空间映射到 $(0,1)$ 之间，g 根据 Salakhutdinov 在文献里提到的形式设置为 $g(x) = \dfrac{1}{(1 + \exp(-x))}$[②]。$\beta$ 是用于刻画双重空间的参数，表示信任空间和被信任空间对于评分的影响程度。

对于影响用户偏好的社会关系，不信任关系的存在主要因为用户之间的偏好不同，这是对不信任关系进行融合的关键点，也是实现不信任关系融合的基本原理。因此，如果用户 u 对用户 v 存在不信任关系，那么，用户 u 的偏好一定会尽可能偏离用户 v。在 TMUN 模型中，采用欧式距离来刻画用户之间偏好的不同，利用正则项将不信任信息融合到目标函数，利用最小化损失函数学习获得潜在特征矩阵 P、Q、V。损失函数如下：

$$l = \sum_{(u,i) \in \Omega} (g(P_u^T V_i + (1-\beta) Q_u^T V_i) - R_{ui})^2 + \sum_{(u,v) \in \psi} (g(P_u^T Q_v) - T_{uv})^2 -$$

$$\frac{\lambda_1}{|\varphi|} \sum_{u=1}^{m} \sum_{w \in D(u)} \|P_u - P_w\|^2 - \frac{\lambda_2}{|\varphi|} \sum_{u=1}^{m} \sum_{w \in D(u)} \|Q_u - Q_w\|^2 + \lambda_p \|P\|_F^2$$

[①] YANG B, LEI Y, LIU J, et al. Social Collaborative Filtering by Trust [C] // International Joint Conference on Artificial Intelligence. AAAI Press, 2013: 2747-2753.

[②] SALAKHUTDINOV R, MNIH A. Probabilistic Matrix Factorization [C] // International Conference on Neural Information Processing Systems. Curran Associates Inc. 2007: 1257-1264.

$$+ \lambda_q \|Q\|_F^2 + \lambda_v \|V\|_F^2 \tag{5.19}$$

其中，$|\varphi|$ 是对不信任关系 $(u, w) \in \Phi$ 数量值的描述，λ_1、λ_2 表示不信任关系的正则项系数，用来控制不信任关系信息对用户需求的影响程度，λ_p、λ_q、λ_v 用于分别控制 P、Q、V 的正则项系数，以控制模型出现过拟合问题。

综上所述，在用户兴趣图谱基础上融入信任关系，可以构建用户新的评分矩阵。

5.5 实验与分析

5.5.1 实验数据

本章用户需求模型是基于用户兴趣和用户信任关系来构建的，在现有的数据集中两者兼有的并不多见，本书选择 CiaoDVD 数据集①。该数据集是在 2013 年 12 月从 dvd.ciao.co.uk 网站上爬取的 DVD 相关数据构成的。该数据集主要包含 3 个文件：movie-ratings，review-ratings，trust。其中 movie-ratings 记录了 userID，movieID，genreID，reviewID，movieRating，date；review-ratings 记录了 userID，reviewID，reviewRating；trust 记录了 trustorID，trusteeID，trustValue。由于在公开的数据集中不包含评论信息，所以这里不考虑 review-ratings 文件。

数据集中记录了 17615 个用户对 16121 部电影的评分记录，以及 40133 条信任关系。其中电影类别 genreID 共有 17 类，包括 Action&Adventure，Comedy，Family，Drama，Horror，Science Fiction & Fantasy，Thriller & Mystery，Martial Arts，Musicals & Music Films，War，Westerns，Documentaries & Biographies，Special Interest，Sports，World cinema，TV Series，Anime。用户对电影的评分以 movieRating 来表示，评分等级为 1~5，1 为最低评分，5 为最高评分。用户之间的信任值以 trustValue 表示，初始值为 0 或 1，1 表示用户之间有信任关系，0 表示用户之间不具备信任关系或还不确定其是否有信任关系。

---

① GUO G, ZHANG J, THALMANN D, et al. ETAF：An extended trust antecedents framework for trust prediction [C] // Ieee/acm International Conference on Advances in Social Networks Analysis and Mining. IEEE, 2014：540-547.

5.5.2 实验设计

(1) 数据预处理

利用 movieRating 构建用户兴趣矩阵,用户兴趣矩阵以电影类别 genreID 为标准。比如,表5-4所示为用户1的评分矩阵,用户1对1类电影评分3次,则表示用户1对兴趣 Action & Adventure 的交互次数为3;对13类电影评分8次,则表示用户1对 Special Interest 的交互次数为8;对16类电影评分2次,则表示用户1对 TV Series 的交互次数为2;对17类电影评分1次,则表示用户1对 Anime 的交互次数为1。

表5-4 用户1的评分矩阵

userID	movieID	genreID	reviewID	movieRating	date
1	1	1	1	5	2000/7/12
1	13	1	189	4	2000/7/12
1	30	1	441	5	2000/7/12
1	6011	13	21461	2	2000/7/12
1	6017	13	21636	4	2000/7/12
1	6027	13	21831	2	2000/7/11
1	6068	13	22862	3	2000/7/11
1	6081	13	23014	4	2000/7/12
1	6119	13	23953	5	2000/7/11
1	6141	13	24306	5	2000/7/12
1	6247	13	26196	5	2000/7/12
1	12086	16	53676	3	2000/7/12
1	13181	16	61349	4	2000/7/12
1	14416	17	67168	5	2000/7/12

利用公式 5.1 中的 $w_{u_i}^{ij} = \dfrac{N_{u_i}^{ij}}{F_{u_i}}$ 计算用户的兴趣权重,其中,$F_{u_i} = \dfrac{\sum N_{u_i}}{\dfrac{\sum N}{n}}$,$\sum N$

表示总的用户交互数,本数据集共有 72665 条评分记录,所以 $\sum N = 72665$,n 表示用户数为 17615,构建用户的兴趣权重矩阵,部分数据如表 5-5 所示。

表 5-5 用户的初始兴趣权重矩阵(用户 1~用户 5)

类别	用户				
	1	2	3	4	5
1	0.89	1.03	2.07	0.32	0.16
2					
3					
4				0.16	
5					
6					
7					
8		0.21		0.16	0.32
9					
10					
11					
12					
13	2.36	1.446	2.07	0.32	1.747
14		0.62		1.43	0.64
15				0.16	
16	0.59	0.21		1.11	0.95
17	0.3	0.62		0.48	0.32

(2)兴趣图谱自学习

利用公式 5.5 计算兴趣相似度,部分兴趣相似度矩阵如表 5-6 所示。

表5-6 部分兴趣相似度矩阵

No.	genreID1	genreID2	similarity
1	Special Interest	Family	0.063
2	Family	Thriller & Mystery	0.064
3	Romance	Thriller & Mystery	0.069
4	Anime	Action & Adventure	0.063
5	Horror	Science Fiction & Fantasy	0.064
6	Comedy	World Cinema	0.022
7	Documentary & biographies	Western	0.053
8	Martial & Mystery	Horror	0.063
9	Western	Horror	0.03
10	Anime	Drama	0.031
11	Action & Adventure	Science Fiction & Fantasy	0.065
12	Science Fiction & Fantasy	Martial Arts	0.028
13	War	Comedy	32
14	Family	Action & Adventure	0.066
15	Musicals & Music Films	Drama	0.062

根据兴趣图谱自学习算法实现兴趣图谱自学习,得到完整的用户兴趣图谱。部分用户兴趣图谱自学习结果如表5-7所示。

表5-7 部分兴趣图谱自学习结果

No.	userID	genre	weight
1	35	Thriller & Mystery	3.182
2	60	Special Interest	1.061
3	194	Action & Adventure	0.278
4	306	Documentary & Biographies	1.475
5	403	Musicals & Music Films	2.174
6	476	Family	0.961
7	500	Western	2.894
8	502	Special Interest	0.303
9	732	Special Interest	1.45

续上表

No.	userID	genre	weight
10	738	Drama	0.923
11	875	Science Fiction & Fantasy	3.919
12	888	Martial Arts	2.75
13	910	Comedy	1.333
14	918	Action & Adventure	0.515
15	934	Martial Arts	1.516

（3）融合信任网络构建新的用户商品评分矩阵

数据集中已给定初始信任矩阵，部分用户信任网络如表5-8所示。

表5-8 部分用户信任网络

trustorID	trustorID	trustValue
35	3525	1
35	3863	1
35	8013	1
35	2812	1
35	1203	1
35	4654	1
35	3793	1

在用户的兴趣矩阵范围之内，综合电影的评分平均数和用户的信任关系评分矩阵，利用公式5.15最终获得扩展之后的用户商品评分矩阵。

5.5.3 实验结果及分析

基于上述实验，通过在用户评分矩阵基础上构建用户兴趣初始矩阵，对用户兴趣矩阵进行演化和扩展，以及引入信任网络，构建了新的用户评分矩阵。单用户融合前后用户评分数量对比如图5-6所示。

图5-6所示为用户ID为1~10的用户在融合前后的评分数量对比，菱形为融合前，正方形为融合后，可以看出，通过基于用户兴趣网络和用户信任关系的

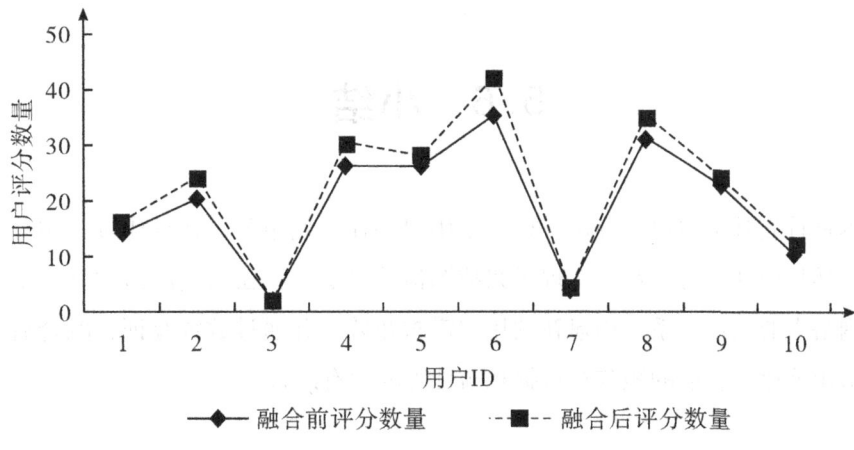

图 5-6 单用户融合前后用户评分数量对比

融合，对用户评分矩阵进行了扩展，融合后用户评分数量基本都有所增加，而且用户初始评分数量越多，其扩展的评分数量越多。用户初始评分数量越多，说明其感兴趣的项目越多，利用兴趣矩阵进行演化扩展的概率越大，符合本章前面的假设。

就整体数据集而言，通过用户兴趣网络和用户信任关系融合来实现用户需求建模的目的，主要是解决用户—商品矩阵的稀疏性和冷启动问题。稀疏性的衡量指标通过矩阵的稀疏度来表示，公式如下：

$$r = \frac{n_{\text{rating}}}{n_{\text{user}} \times n_{\text{item}}} \tag{5.20}$$

融合前和融合后的数据稀疏度对比如表 5-9 所示。

表 5-9 融合前后数据稀疏度对比

衡量指标	融合前	融合后
评分数目	72665	456764
稀疏度	0.000256	0.001047

可见，通过兴趣图谱和社交图谱的融合，扩展用户需求矩阵，在解决数据稀疏性问题方面具有重要改进，为准确推荐的实现提供了充分的准备。

5.6 小结

本章首先基于用户评分矩阵构建了用户兴趣初始矩阵,并且通过资源分配算法对兴趣相似性进行度量,实现了兴趣图谱的自学习。在兴趣图谱的基础上融合社交网络中的信任关系,构建新的用户需求矩阵,并通过数据验证,融合后的用户需求矩阵比融合前的矩阵在数据稀疏性方面大有改善。

6

基于 D-S 证据理论的推荐算法融合

前两章构建了商品特征模型和用户需求模型，本章在此基础上利用价值叠加算法、神经网络算法和协同过滤算法，对商品特征知识和用户需求知识进行融合，以获得对商品的推荐。但不同的方法各有利弊，为扬长避短，本章对三种算法的推荐结果利用 D-S 证据理论进行再次融合，形成推荐列表。结果表明，融合后的结果在解决数据稀疏性问题和提升准确性和惊喜性方面都有较好的表现。

6.1 问题分析和描述

在电子商务推荐中，用户是推荐的目标，商品是推荐的内容。推荐的出发点是用户的需求，因此，以用户的需求和偏好为研究视角来实现电子商务推荐，是主要的研究方向，但相对而言对商品本身的研究不足。就推荐系统而言，要想实现用户的满意度，对用户粗粒度需求进行探索还不够，还应该充分发掘产品的特征属性，真正实现基于用户细粒度价值感知的个性化推荐，提高用户满意度。因此，对电子商务推荐系统的研究必须从商品和用户两个维度来展开。

第 4 章认为标签和评论是获取商品特征的重要来源，利用本体技术，构建了基于标签的商品特征属性模型；通过对评论文本进行分析，挖掘了评论中用户最感兴趣的商品特征集；通过对基于标签的商品特征本体和基于评论的商品特征集进行融合，构建了商品特征属性集，形成商品特征知识。

第 5 章基于用户评分矩阵构建了用户兴趣初始矩阵，并且通过资源分配算法对兴趣相似性进行度量，实现了兴趣图谱的自学习。在兴趣图谱的基础上融合社交网络中的信任关系，构建新的用户需求矩阵，形成支持推荐的用户需求知识。

在已知商品特征知识和用户需求知识的基础上，如何对其进行知识融合，产生相匹配的推荐商品列表，则是本章所要考虑的内容。知识融合的第三层是通过对模型层融合的结果进行面向应用的融合，并构建应用层知识融合模型：

$$KF_A = <GF_A, BK_A, AK_A, f_A>$$

其中，GF_A 是融合目标，这里体现为通过融合形成推荐列表。BK_A 是融合前的知识，包括用户需求知识和商品特征知识。AK_A 是融合后的知识，针对用户需求形成的推荐知识。f_A 是融合方法，本书的融合方法体现在两个层次：一是为了获取推荐知识，对用户需求知识和商品特征知识进行第一层次的融合，体现为不同的推荐算法；二是为了提高推荐的准确率等，通过对多种算法进行二次融合，本书选择 D-S 证据理论。

商品实体通过多特征属性来描述，所有这些特征属性决定了消费商品所能获得的价值，而用户正是基于对这些价值的追求来进行消费行为。用户在购物时，往往是基于用户自身在意的几种商品属性，来制定自己的购物决策，因此基于商品特征的推荐可以看作基于商品特征的多属性决策问题。运筹学的观点认为多属性决策的实质是多目标优化，解决方案是将重要属性作为求解目标，次要属性作为约束条件，然后进行目标求解；决策理论则是利用层次分析法，以多属性决策为目标，制定多个备选方案，然后进行反复的评估和选择，最终获得最优的解决方案。研究表明，上述理论对解决一般的多属性决策具有较好的效果，但是鉴于推荐是基于用户特征的，目的是实现个性化的推荐，上述理论在实现个性化方面还存在着欠缺，因此，本书的推荐只是对上述理论和方法的借鉴。本章考虑商品属性特征对用户购买的影响，测算用户对商品属性的偏好，从而完成商品的推荐。本章内容主要从以下几个方面着手：

①利用前文构建的用户需求模型和商品特征模型，通过对用户商品属性偏好进行预测，来完成商品推荐。

②分别利用价值叠加算法、神经网络模型算法和特征协同过滤算法来实现推荐。

③通过比较分析和 D-S 证据理论，将三种算法进行融合，获得最终推荐列表。

6.2 基于价值叠加算法的推荐

6.2.1 基本假设和原理

前文已做分析，影响用户购物决策的主要因素包括消费者对商品的价值感知，而不同的消费者受自身认知和行为等因素的影响，对商品价值感知的深度和程度都是有差异的。比如有的追求商品的社会价值，而有的追求其功能价值，那么前者会更看重商品的品牌特征,而后者则更在乎商品的价格等。而这些价值感知的不同会体现在用户的评价体系上,比如评分或评论等。因此,用户对商品的偏好,很多情况下并不是针对商品本身,而是在于商品的某一特征是否满足了用户的价值感知需求。

陆奇斌等认为消费者对某个商品的选择,一方面是出于自身的需求,另一方面则是出于对商品某些属性的偏好,这可以通过消费者后期的评论体现出来,因此,消费者对商品的评分或评价,实质是对商品中消费者所关注的特征属性的评分或评价①;Sahoo 等同样通过研究发现了用户购物过程中的"光圈效应",即用户对商品的选择往往是基于其某几个用户特别在意的属性,而不是整个商品②。电子商务模式下的购物活动,其实质是用户在拥有更多信息渠道和更多选择机会下的一种决策过程。电子商务推荐,其实质是帮助用户制定最优决策。因此,推荐也可以借鉴决策理论的相关研究成果。决策理论认为目标决定决策,而多属性目标下的推荐决策更符合现实实际状况③。在上述研究的基础上,本书认为从商品的细粒度属性特征出发,研究用户的属性偏好,并将其应用于电子商务推荐过程中,更符合用户真实的决策过程,对提高商品的推荐准确率必定会有改善的效果。

因此,为了从商品细粒度属性特征的角度向用户进行推荐,提高商品推荐准确率,本书拟定了以下假设:

①用户对商品的选择取决于用户对商品的价值感知,而价值感知的体现为商品的部分特征或某些属性;

②用户通过标签、评论等方式反映其属性偏好;

③属性偏好相似的用户认为其具有相似的价值感知,在选择新商品时会以类似的价值感知为基础进行购物决策。

基于以上假设,以及决策论相关理论,本书将用户对商品属性的偏好定义为

---

① 陆奇斌,赵平,王高,等. 消费者满意度测量中的光环效应[J]. 心理学报,2005,37(4):524-534.

② SAHOO N, KRISHNAN R, DUNCAN G, et al. The halo effect in multicomponent ratings and its implications for recommender systems: the case of Yahoo! movies [J]. Information Systems Research, 2012, 23(1): 231-246.

③ 岳超源. 决策理论与方法[M]. 北京:科学出版社,2003:168-172.

该属性给消费者带来的价值,那么推荐的过程就是寻找最大价值的过程,用公式表示为[①]:

$$V = U \times I \to R$$

其中 U, I 分别表示用户和商品,它们之间通过评分矩阵 R 来构建关联,推荐的目的在于对用户 $u \in U$, 通过求解得到 $i \in I$, 使其获得的价值 V 最大。

6.2.2 用户—属性评分矩阵的转换

研究表明运筹学和决策理论对解决一般的多属性决策具有较好的效果,但是鉴于推荐是基于用户特征的,目的是实现个性化的推荐,上述理论在实现个性化方面还存在着欠缺,因此,本书的推荐只是对上述理论和方法的借鉴。

用户商品评分矩阵是挖掘用户对商品属性的特征偏好,实现电子商务推荐的基础。假设系统由用户和商品两个维度构成,其在系统中的数目分别是 m 和 n,用户和商品之间的关联可以通过用户—商品评分矩阵来表示,如表 6–1 所示。

表 6–1 用户—商品评分矩阵

用户	商品			
	i_1	i_2	…	i_j
u_1	r_{11}	r_{12}	…	r_{1j}
u_2	r_{21}	r_{22}	…	r_{2j}
…	…	…	…	…
u_i	r_{i1}	r_{i2}	…	r_{ij}

表 6–1 中,r_{ij} 是用户 i 对商品 j 的评价,该评价方式可以是表达"喜欢"或"不喜欢",也可以是按等级评价,用于描述喜欢的程度。但是在处理前需要对评价数据进行处理,如果是表达"喜欢"或"不喜欢",则将其转化为 1 或 0;如果是按等级评价,则可以通过 $1 \sim N$ 的整数来表示,N 表示等级的个数。

产品通常由多特征构成,不同的特征具有不同的特征值,多特征的不同特征

---

① ADOMAVICIUS G, TUZHILIN A. Toward the next generation of recommender systems: a survey of the state-of-the-art and possible extensions [M]. IEEE Educational Activities Department, 2005.

值共同作用构成了每一个类别的商品,基于此,构建商品 I 的描述模型:

$$I = \{g_1(g_{11}, g_{12}, \cdots, g_{1k}), g_2(g_{21}, g_{22}, \cdots, g_{2h}), \cdots, g_s(g_{s1}, g_{s2}, \cdots, g_{st})\}$$

其中,k 表示特征 g_1 所有特征值的个数,h 表示特征 g_2 所有特征值的个数,s 表示商品 I 的属性特征的数目,t 表示特征 g_s 所有特征值的个数。据此构建商品—属性矩阵,如表 6-2 所示。

表 6-2 商品—属性矩阵

商品	属性			
	g_1	g_2	…	g_j
i_1	ig_{11}	ig_{12}	…	ig_{1j}
i_2	ig_{21}	ig_{22}	…	ig_{2j}
…	…	…	…	…
i_i	ig_{i1}	ig_{i2}	…	ig_{ij}

表 6-2 中,ig_{ij} 表示商品 i_i 在特征 g_j 所有特征值构成的集合。每一个用户对商品只有一个评分,用户—商品评分矩阵内每一个元素都有唯一取值。商品—属性矩阵则不同,因为一个商品在某特征下的取值不唯一,比如某衬衣的颜色特征,其值就可以是"白色""蓝色""红色"等多种颜色。而推荐是以用户或商品的相似性计算为基础的,现有的相似性计算方法主要包括余弦相似性等,对数据的处理都是基于单属性值,如表 6-2 所示的商品—属性矩阵由于其中的属性值可能存在多值的情况,因此不能直接用于相似性的计算,必须对其进行转换处理。

对于商品多属性值的处理,本书利用了两种方案。①离散型属性值,以每一个属性值作为商品的属性特征,同时将该属性特征取值范围定义为 0 或 1,如果某商品具有该属性,则认为其属性值为 1,否则为 0,通过这种方法可以将所有离散型多属性值转化为具有唯一值的属性特征表示。②连续型多属性值,首先通过人工分割区间,将连续型属性值划分为不同的区间,将连续型属性值分割成离散型属性值,然后用离散型属性值处理方法对其进行二次处理,从而最终实现所有多属性值向唯一属性值的转化,为后面的操作完成数据预处理。表 6-2 所示商品—属性矩阵中由于属性特征的多值型,分离散型和连续型多值,分别按照以上不同的方法进行单值化转化,最终形成变换后的商品—属性矩阵,如表 6-3 所示。

表6-3 变换后的商品—属性矩阵

商品	属性									
	g_1			g_2			...	g_s		
	g_{11}	...	g_{1k}	g_{21}	...	g_{2h}	...	g_{s1}	...	g_{st}
i_1	a_{111}	...	a_{11k}	a_{121}	...	a_{12h}	...	a_{1s1}	...	a_{1st}
i_2	a_{211}	...	a_{21k}	a_{221}	...	a_{22h}	...	a_{2s1}	...	a_{2st}
...	...	...	...	...	...	...	...	...	...	...
i_i	a_{i11}	...	a_{i1k}	a_{i21}	...	a_{i2h}	...	a_{is1}	...	a_{ist}

在对多属性值进行属性转化分解的过程中，新的属性特征的取值可表示为具有该特征或不具有该特征，因此将其取值定义为0或1，即当表6-2中商品i的g_j属性的属性值中包括g_{jk}值时，转换之后的表6-3中的元素$a_{ijk}=1$；当表6-2中商品i的g_j属性的属性值中不包括g_{jk}值时，则转换之后表6-3中的元素$a_{ijk}=0$。即

$$a_{ijk} = \begin{cases} 1, g_{jk} \in ig_{ij} \\ 0, g_{jk} \notin ig_{ij} \end{cases} \quad (6.1)$$

在电商网站中并没有提供细分到对特征进行评分的功能，而是从商品整体的角度进行评分，但是用户对商品的整体评分实质是用户对商品各属性评分的综合。假设r_0为用户对商品的总体评分，$v_1, v_2, \cdots, v_t$表示用户对商品t个属性特征的评分，则它们之间的函数关系可以通过公式6.2来表示：

$$r_0 = f(v_1, v_2, \cdots, v_t) \quad (6.2)$$

函数理论认为，在用户—商品评分矩阵数据充足，而且商—品属性矩阵明确的情况下，利用矩阵之间的演化，可以推理出函数关系f，即在用户—商品评分矩阵和商品—属性矩阵明确的前提下，能够通过矩阵变化，获取属性评分矩阵。如果用U表示用户集，I表述商品集，G表示商品属性集，有：

$$\boldsymbol{R}: U \times I \to \boldsymbol{R}': U \times G$$

上式中$\boldsymbol{R}$表示用户—商品评分矩阵，指用户对商品的整体评分；$\boldsymbol{R}'$表示用户—属性评分矩阵，每一个元素的值都是消费者对产品特征的评分。即对于推荐系统，可以根据表6-1用户—商品评分矩阵和表6-3商品—属性矩阵计算出用户—属性评分矩阵，如表6-4所示。

表6-4 用户—属性评分矩阵

用户	属性									
	g_1			g_2			...	g_s		
	g_{11}	...	g_{1k}	g_{21}	...	g_{2h}	...	g_{s1}	...	g_{st}
u_1	r'_{111}	...	r'_{11k}	r'_{121}	...	r'_{12h}	...	r'_{1s1}	...	r'_{1st}
u_2	r'_{211}	...	r'_{21k}	r'_{221}	...	r'_{22h}	...	r'_{2s1}	...	r'_{2st}
...	...	...	...	...	...	...	...	...	...	...
u_i	r'_{i11}	...	r'_{i1k}	r'_{i21}	...	r'_{i2h}	...	r'_{is1}	...	r'_{ist}

6.2.3 基于TF-IDF的属性偏好权重

基于价值叠加算法的推荐原理，对用户进行商品推荐的目的是使用户通过商品消费获得最大的价值，而价值的体现通过商品属性获得。如果将推荐问题看成是一个分类问题，那么推荐实际就是对商品进行用户喜欢和不喜欢的分类。因此，商品属性在分类中的权重可解释为用户对属性的偏好问题。对文本分类的研究有很多，在分类过程中，对于多特征的分类研究，如何确定不同特征项对分类结果的影响程度，即特征项权值的确定，相关的研究方法也很多。基于各种不同方法的优缺点，本书最终选定TF-IDF作为属性特征权重的选择算法。

TF-IDF算法最初用于文本分类，认为文本分类是基于文本特征项，而其贡献率通过其权重来表示。特征权重受两个因素的影响，一是指定特征项所在的频率，出现的次数越多，则认为其对文本分类越重要，其权重应该越高；二是特征项所在的文本数，如果该特征项出现在的文本越多，则说明该特征项对指定文本的分类结果影响越小。本书借鉴文本分类中TF-IDF的理论，将其应用于商品特征属性权重计算中，认为商品特征对用户决策的重要程度取决于两个方面：一是该特征在用户偏好商品中的频率，频率越高，则表明该用户越在意此属性特征；二是该属性特征出现在商品中的次数，次数越多，表明该属性特征在商品中的区分度越低，对用户商品选择的影响性越小。

基于以下分析，根据用户的评分即可推断用户对商品属性的选择特征权重。假设用户 u 对商品进行评分，评分后的商品构成集合 I，根据评分分值将集合 I 分成两部分——I_1 和 I_2，I_1 是评分分值较高的产品，描述用户喜欢的产品集，I_2 是评分分值较低的产品，描述用户不喜欢的产品集。集合 I、I_1、I_2 中元素的个数分别表示为 N，N_1，N_2。如果计算属性值 g_{ij} 的权重，已知集合 I 中包含特征值 g_{ij} 的产品个数为 n_{uij}。I_1 中存在 tf_{uij} 个产品拥有此特征，那么用户 u 对特征值 g_{ij} 偏好权重值 w_{uij} 为：

$$w_{uij} = tf_{uij} \times \log\left(\frac{N}{n_{uij}}\right) \tag{6.3}$$

6.2.4 推荐的生成

根据公式 6.3 可以计算出用户对所有商品属性值的偏好权重，基于此就构成了目标用户对商品属性的偏好矢量。通过对商品属性偏好矢量的归一化处理，获得所有商品属性矢量的用户评分，如公式 6.4 所示：

$$v_{uij} = \text{scale} \times \frac{w_{uij}}{\sum \sum w_{uxy}} \tag{6.4}$$

其中，v_{uij} 表示用户 u 对商品第 i 个属性的第 j 个属性值的评分值，scale 表示用户评分的最高分，w_{uxy} 表示用户 u 对商品第 x 个特征中第 y 个特征值的喜好程度。利用表 6-1 用户—商品评分矩阵和表 6-3 商品—属性矩阵，通过矩阵变换可以获得用户—属性评分矩阵。利用求和运算，即可得到用户对该商品该属性价值感知的叠加分值。假设 MF_j 是产品 j 转换后的产品属性值矢量，表示为表 6-3 中的第 j 行记录，MP_i 是用户 i 的评分矢量，表示为表 6-4 中的第 i 行记录，通过相乘，即可获得用户 i 对商品 j 的预测评分值 e_{ij}，即

$$e_{ij} = MP_i \times MF_j^T \tag{6.5}$$

推荐系统根据 e_{ij} 的值来判断是否向该用户推荐该商品。当 e_{ij} 大于某一指定阈值 e_0，则认为用户对其可能具有偏好，将商品 j 推荐给用户 i。当 e_{ij} 小于阈值 e_0，则认为用户 i 对商品 j 具有偏好的可能性较小，不对其进行推荐。

6.3 基于神经网络算法的推荐

6.3.1 基本原理

6.2 节中基于价值叠加的推荐算法，在实现过程中，无论是对于商品评分向

属性评分的分解，还是在后期对属性预测分值的叠加，都是采用最简单的线性模式，这种模式简单易行，在一定程度上反映了用户的决策过程，且算法具有较好的可行性和时间复杂度。但是，线性的模式并不能完整反映用户决策的实际过程，因为人的思维是复杂的、立体的，线性模式的叠加会导致片面性。而神经网络模型是对线性模型的非线性拓展，相比于线性模型的单调性，其对于非线性关联有所描述和处理，因此，本节采用神经网络算法来挖掘用户总体评分与商品属性之间的关联，以达到获取用户细粒度偏好的目的，使商品推荐更符合用户对商品价值感知的需求，从而提高推荐的效率。

人工神经网络是人工智能、机器学习的一种重要算法，其基本思想就是试图通过对大脑思维的模拟来实现信息的智能化处理。人工神经网络在对信息的处理过程中主要有以下几个特点：①知识存储的分布性。神经网络对知识的存储是分布式的，系统中知识通过不同的节点来进行分布式存储，而不是集中存储在固定节点单元中；②信息处理的并行性。系统可以对多个节点单元的知识同时进行处理，信息处理能力强，运算速度快；③稳健性。在数据有缺失或神经单元有损坏的情况下，依然能够进行较准确的预测；④模拟能力强。理想的状态下，神经网络可以对所有复杂系统进行模拟；⑤自适应性。在系统动态变化的情境下，神经网络具有较强的适应能力[1]。

黄梯云[2]将神经网络应用于智能决策支持中，取得了不错的成果。本书借鉴其理论成果，利用前向反馈性 BP 神经网络，模拟用户对商品属性偏好的选择过程，从而实现推荐。基本思想如下：以商品－属性矢量和用户评分矩阵作为输入形成用户的 BP 神经网络，然后通过训练，构建用户的偏好模型，之后再预测用户评分，最后，将预测得分最高的前 n 个商品推荐给相关的用户，实现推荐。

6.3.2 推荐的生成

(1) 数据的收集与整理

根据前文分析，利用神经网络来实现商品推荐，神经网络的输入矢量是商品

---

[1] 王耀南. 智能信息处理技术 [M]. 北京：高等教育出版社，2003：117－162.
[2] 黄梯云. 智能决策支持系统 [M]. 北京：电子工业出版社，2001.

的属性特征和用户对商品的历史评分数据。根据第 4 章内容可以获取商品属性矩阵，根据第 5 章内容可以获取用户的商品评分矩阵。

(2) 确定 BP 神经网络初始值和结构

BP 神经网络是由一个输入层、多个隐含层和一个输出层构成的，隐含层越多，神经网络的预测精确度越高。但并不是隐含层越多越好，因为隐含层的增多是以网络的复杂度和学习时间的延长为代价的，因此，好的网络结构实际是在精确度和复杂度之间找平衡。Fish 等[①]的研究表明，当隐含层数为 3 的时候，神经网络可以模拟任何有理函数，只需要定义隐含层的节点数为输入层的 2 倍，即可以解决在拟合中出现的各种状况。

因此，三层 BP 神经网络作为实现电子商务推荐的网络结构具有可行性，转化后的商品属性作为输入值，如表 6-3 中的每一条行记录，表示每一个商品的所有特征，是一个高维矢量。而事实上，用户对商品选择的过程绝不是对照属性矢量表一一衡量的过程，用户只关注自己最感兴趣的商品特征。因此，从表 6-4 矩阵中选取评分最高的特征，即用户最在意的特征，作为神经网络的输入值。

神经网络的输出是用户对商品的评分，因此设定用户对商品的评分等级为输出层的节点。三层 BP 神经网络包含三个层次，分别是输入层、隐含层和输出层。本书设定用户对商品的评分采用 5 分制，因此，设定神经网络的输出层包含 5 个节点，分别代表 5 个评分值，最低分为 1 分，最高分为 5 分，分值越高，表示用户越喜欢。本书设定三层分别包含的神经单元个数为 10，20，5，转换函数表示如下：

$$f(x) = \frac{1}{1 + \exp(-x)} \tag{6.6}$$

(3) 神经网络训练

在利用神经网络实现推荐的过程中，针对每一个用户构建一个神经网络，以用户—评分矩阵和商品-属性矢量为输入值对神经网络进行训练，训练之后的神经网络体现为用户对商品属性的偏好，最终在输出层输出用户对商品的预测评

[①] FISH K E, JOHNSON J D, DORSEY R E, et al. Using an artificial neural network trained with a genetic algorithm to model brand share [J]. Journal of Business Research, 2004, 57 (1): 79-85.

分。在具体的实现过程中，从表6-4中可以获得指定用户对产品特征的评分，对其分值按降序排列，取分值最高的前10个所对应的特征作为神经网络的输入值之一，定义为 $X_m = (x_{1m}, x_{2m}, \cdots, x_{10m})$。神经网络的另一个输入值是用户对产品的评分，通过表6-2获得，但是需要对其进行转化。因为对神经网络的输出层定义为5层，将每一层对应一个评分值，因此，需要将非5分制评分转化为5分制评分，转化规则为根据该分值占该评分制度最高分的比重映射到5分制。于是，定义神经网络的输出为 $D_m = (d_{1m}, d_{2m}, d_{3m}, d_{4m}, d_{5m})$，其中，$m$ 表示商品。输入层 i 与隐含层之间建立连接，设连接的权重是：

$$P_i = (p_{i1}, p_{i2}, \cdots, p_{i20}), i = 1, 2, \cdots, 10 \tag{6.7}$$

隐含层单元 j 与输出层建立连接，设连接的权重是：

$$Q_j = (q_{j1}, q_{j2}, q_{j3}, q_{j4}, q_{j5}), j = 1, 2, \cdots, 20 \tag{6.8}$$

假设 P_i 和 Q_j 通过随机函数生成，其取值范围为 [-0.2, 0.2]，那么隐含层通过训练之后的 j 神经元的输出为：

$$h_j = \frac{1}{1 + \exp(-\sum_{i=1}^{10}(w_{ij} \cdot x_i - \theta_j))}, j = 1, 2, \cdots, 20 \tag{6.9}$$

输出层第 k 个神经元的实际输出为 y_k：

$$y_k = \frac{1}{1 + \exp(-\sum_{j=1}^{20}(v_{jk} \cdot h_j))}, k = 1, 2, 3, 4, 5 \tag{6.10}$$

用户对商品的每一条评分记录可以作为一个训练样本，因此当某用户有 n 条评分记录，那么对其训练的样本数为 n，训练完之后的输出预期为：

$$E = \frac{1}{2} \cdot \sum_{m=1}^{n} \sum_{k=1}^{5} (d_{km} - y_{km})^2 \tag{6.11}$$

神经网络的训练过程就是不断调整 P_i 和 Q_j，使输出期望 E 达到最小的过程。定义 δ_k 是输出层中 k 神经单元的误差：

$$\delta_k = (d_k - y_k) \cdot f'(h_k) = (d_k - y_k) \cdot y_k \cdot (1 - y_k) \tag{6.12}$$

隐含层的 j 神经元到输出层的 k 神经元连接权值的调整量 Δv_{jk} 为：

$$\Delta v_{jk} = \eta \cdot \delta_k \cdot h_j \tag{6.13}$$

输出层的 k 神经单元的阈值调整量 $\Delta \theta_k$ 为：

$$\Delta \theta_k = \eta \cdot \delta_k \tag{6.14}$$

(4) 生成推荐

假设指定用户对产品特征进行了评分,对其分值按降序排列,取分值最高的前 10 个所对应的特征作为神经网络的输入值之一,定义为 $X_m = (x_{1m}, x_{2m}, \cdots, x_{10m})$。进行神经网络训练之后,输出值为 $Y_m = (y_1, y_2, y_3, y_4, y_5)$,并对输出矢量 Y_m 的 5 个值进行比较,选取输出值最大的。如果 y_1 最大,则认为用户对其评分等级最大可能值为 1 分,即为不喜欢,不将其作为推荐商品。如果 y_4 或 y_5 的值为最大值,则认为该用户对该商品的评分等级为 4 分或 5 分,分值较高,认为用户对该商品具有较高的偏好,将其纳入推荐列表。

6.4 基于特征属性的协同过滤推荐

由于协同过滤简单易行,目前比较流行利用其来实现商品推荐[①]。协同过滤推荐是在以下假定的前提下构建的:如果用户 A 和用户 B 有共同的偏好 C,那么 A 在 C 以外的偏好 D 也可能被用户 B 喜欢。协同过滤从用户自身出发,以用户之间或商品之间的关系为着眼点,强调相互之间的相似性,从而实现推荐。此外,协同过滤的推荐不是一次性的,而是所有用户在一定时间内与推荐系统共同作用的结果,使推荐系统逐渐与用户真实需求相匹配。通过用户对已有购买记录的项目评分,来对用户对其他项目的可能评分进行预测,实现协同过滤推荐。

用户相似性度量是协同过滤的基础,传统协同过滤对于用户相似性的度量一般采用余弦相似性来进行度量。具体思路为:对用户 u 和用户 v 计算其相似性,首先构建商品集合,然后构建用户 u 和用户 v 的用户 – 评分矢量,通过对矢量间夹角进行余弦相似性计算,以判断两者之间是否具有相似性。传统算法的弊端,一是数据太稀疏影响计算精度,二是忽略商品属性的考量,可能掩盖了用户选择商品的真相。

因此,本节提出了基于商品属性的协同过滤算法。本算法与基于商品的协同

---

① SHAMBOUR Q, LU J. A trust-semantic fusion-based recommendation approach for e-business applications [J]. Decision Support Systems, 2012, 54 (1): 768 – 780.

过滤不同,后者以用户对商品的评分为基础,而本算法以用户对商品属性的评分为基础,因为考虑用户选择商品时是以商品属性作为衡量的标准,另外也可以降低商品评分矩阵数据稀疏的影响。该算法的基本原理及具体计算过程描述如下。

以 6.2 节中所计算出的用户—属性评分矩阵为数据源,如表 6-4 所示。假设 a 为目标用户,现在要对用户 a 进行推荐,协同过滤的前提是相似用户具有相似偏好,那么推荐的第一步为挖掘用户 a 的相似用户,计算方法是相似性度量。假设 v_{aij} 表示用户 a 对商品 i 的 j 属性的评分值,那么用户 a 和用户 u 之间是不是"邻居"关系,则是判断 a 和 u 之间是否具有相似性的关键,计算公式如下:

$$\mathrm{sima}(a,u) = \cos(\overline{v}_a, \overline{v}_u) = \frac{\overline{v}_a \cdot \overline{v}_u}{\|\overline{v}_a\| \cdot \|\overline{v}_u\|} = \frac{\sum_{j=1}^{|f_i|}\sum_{i=1}^{s} v_{aij} \cdot v_{uij}}{\sqrt{\sum_{j=1}^{|f_i|}\sum_{i=1}^{s} v_{aij}^2} \cdot \sqrt{\sum_{j=1}^{|f_i|}\sum_{i=1}^{s} v_{uij}^2}} \quad (6.15)$$

上式中,sima (a, u) 表示用户 a 和用户 u 之间的相似度,s 表示该类商品的属性数量,$|f_i|$ 表示该类商品的属性 i 的属性值数量。

相似性的度量是为了选择用户 a 的最近"邻居",设定相似度最高的前 m 个用户作为用户 a 的最近"邻居",以这 m 个用户为元素构建 a "邻居"集 NU。对用户 a 的商品评分矢量进行检索,查找评分矢量中的缺失值,选取其中未评分商品 k。对 a 的"邻居"集 NU 中的用户进行检索,选取对 k 有评分记录的用户构建新的"邻居"集 NU_1,据此,可以实现对用户 a 对商品 k 的偏好的度量,如公式 6.16 所示:

$$e_{ak} = \overline{r}_a + \sum_{u \in \mathrm{NU}_1}(\mathrm{sima}(a,u) \cdot (r_{uk} - \overline{r}_u))/\sum_{u \in \mathrm{NU}_1}\mathrm{sima}(a,u) \quad (6.16)$$

获取用户 a 对未知商品 k 的预测评分,实现了对原评分矩阵的扩展,但是 k 是否是值得向用户 a 推荐的商品,还需要对推荐的标准设定阈值,当 e_{ak} 大于该阈值,才将其推荐给 a,否则,不予推荐。假设 a 的商品评分矢量中,已评分商品构成商品集 P_a,且该集合中有 n_a 个元素。查找用户评分矩阵,获取 a 对 P_a 中所有元素的评分,并计算平均值,记为 $\overline{r}_a$。其计算公式如下所示:

$$\overline{r}_a = \frac{1}{n_a} \cdot \sum_{j \in P_a} r_{aj} \quad (6.17)$$

$$\bar{r}_u = \frac{1}{n_u} \cdot \sum_{j \in P_u} r_{uj} \qquad (6.18)$$

其中，r_{aj}是用户 a 对商品 j 的评分值。对未知商品 k，如果$e_{ak} > \bar{r}_a$，表示用户 a 对商品 k 的偏好大于其偏好的平均水平，则向用户 a 推荐该商品；否则，认为用户 a 对商品 k 的偏好较小，小于其平均水平，不将商品 k 纳入推荐列表。

6.5 基于 D-S 证据理论的推荐方法融合

Dempster-Shafer 证据理论又称 D-S 证据理论，是一种处理不确定性问题的理论[1]，当某个假设不确定或不准确时，通过 D-S 证据理论可以将这些不确定措施或假设集合联系到一起。D-S 证据理论的主要原理为：假设所有目标元素存在一个环境 U，U 可视为是目标元素的集合，根据集合论的概念界定，该环境可称为论域。环境里的目标元素具有互斥性和可穷举性，即元素与元素之间是相互独立的，不存在重合的范围，同时，所有元素组合可能项都可以被列出。因此，根据对环境所有子集的求解，可以得到相应论域的所有可能项集合。其中，当环境中目标元素被确立为唯一最优解时，该环境即可称为鉴别框架。

一个大小为 N 的集合包括自身恰有2^N个子集，这些子集定义为幂集，记为2^θ。本章的假设为，某商品被感兴趣或不被感兴趣。假如给定的三个商品G_1、G_2 和G_3，这里的环境 U 表示为$\{G_1, G_2, G_3\}$，那么判断框架是对这些商品所有可能组合的列举，即幂集2^θ可表示为$\{\{G_1, G_2, G_3\}, \{G_1, G_2\}, \{G_1, G_3\}, \{G_2, G_3\}, \{G_1\},$ $\{G_2\}, \{G_3\}, \varnothing\}$，其元素个数为$2^N = 8$ 个元素。2^θ和对应的假设之间存在着一一对应的关系。对不确定性问题的表示和处理，D-S 证据理论相比于比贝叶斯理论更有优势。

对贝叶斯理论而言，证据的不确定性是以概率的形式来进行度量的。类似的，对 D-S 证据理论而言，证据也不是一定可信的，物理学中有一个术语叫质量，用于描述物品的重量，借鉴这一术语，用于证据的可信度，将其定义为证据

---

[1] YAGER R R, KACPRZYK J, FEDRIZZI M. Advances in the dempster-shafer theory of evidence [M]. John Wiley & Sons, Inc, 1994.

的质量，表示为 mass。将 mass 通过函数来进行表示，即为质量函数，其取值范围为 0 到 1 之间的实数。通过质量函数，可以判断在现有证据下，某商品或商品组合是被感兴趣的还是不被感兴趣的。利用 D-S 证据理论来对推荐算法实现融合，那么就需要每一种算法对判断框架中的每一个商品提供一个质量函数，且所有质量函数需要满足以下条件：

①质量函数值在 [0, 1] 区间内，即 mass：$2^\theta \to [0, 1]$；

②空集 $\varnothing$ 的质量为 0，即 mass($\varnothing$) = 0；

③剩余元素的质量之和为 1，即 $\sum_{G \in 2^\theta} m(G) = 1$。

当利用某种方法推荐商品时，该商品符合需求的概率在置信区间 [Bel(G), Pl(G)] 内。Bel(G) 表示支持该假设成立的信任程度，也称为信任函数，是置信区间的下限，也是所有与 G 相关的子集的质量函数之和，用公式表示如下：

$$\mathrm{Bel}(G) = \sum_{X \subseteq G} \mathrm{mass}(X) \tag{6.19}$$

Pl(G) 是置信区间的上限，也被称为似然函数，它表示集合 X 的质量函数之和，而集合 X 是与感兴趣集合 G 的交集为非空的集合。用公式表示如下：

$$\mathrm{Pl}(G) = \sum_{X \cap G \neq \varnothing} \mathrm{mass}(X) \tag{6.20}$$

为了对两个推荐方法 R_1、R_2 所得到的证据进行融合，利用 D-S 证据理论所提供的组合规则如下：

$$\mathrm{mass}_{R_1 R_2}(\varnothing) = 0$$

$$\mathrm{mass}_{R_1} \oplus \mathrm{mass}_{R_2} = \frac{1}{1-K} \sum_{A \cap B = G \neq \varnothing} \mathrm{mass}_{R_1}(A) \, \mathrm{mass}_{R_2}(B) \tag{6.21}$$

其中，K 表示不同推荐算法中的冲突程度，其值可通过公式 6.22 计算获得：

$$K = \sum_{A \cap B = G \neq \varnothing} \mathrm{mass}_{R_1}(A) \, \mathrm{mass}_{R_2}(B) \tag{6.22}$$

当 $K=0$ 时，说明 mass_{R_1} 和 mass_{R_2} 矛盾，即两种推荐算法结果完全不一致；当 $K \neq 0$ 时，根据上述公式可以求得相应的信任函数和似然函数。

本方法中，质量函数被用于表示商品和需求的相关性，但是，对 D-S 证据理论而言，利用其实现对多种算法的知识融合，需要首先明确每种算法的可信度，即其质量函数。对传统 D-S 证据理论而言，这些值是通过专家后验给定的，即通过专家意见获得对单个推荐方法所得候选推荐商品集的相关性评估。但是这种方法取决于专家知识,不够稳定,本书拟利用香浓熵来解决这一问题。

在信息论中,随机变量的不确定性往往通过信息熵来衡量。熵通常指的是香浓熵(shannon entropy)[①],香浓熵表示一个随机不可预测的平均随机变量值。信息熵的度量单位是比特(bit),一个比特是一位二进制数,即一个比特有两个信息量。比如,"有8支球队进入决赛,那么谁将得冠军"的信息量就是3比特,$\log_2 8 = 3$,信息量的比特数与所有可能情况的对数函数有关。

假设 R 是离散随机变量,G 表示所有商品的集合 $\{g_1, g_2, g_3, \cdots, g_{|G|}\}$,$|G|$ 表示集合中元素的个数,也就是所有商品的数量。RelevantGoods(g)表示商品 g 与随机变量 R 之间的相关性,如果通过推荐算法计算其函数值大于0,则认为其相关,否则认为其不相关。TotalGoods 表示推荐所获得的商品的数量。那么,香浓熵 S 的计算公式如下:

$$H(R) = -\sum_{g \in G} \frac{\text{RelevantGoods}(g)}{\text{TotalGoods}} \log_2 \frac{\text{RelevantGoods}(g)}{\text{TotalGoods}} \quad (6.23)$$

由上述公式可知,如果 $\frac{\text{RelevantGoods}(g)}{\text{TotalGoods}} = 1$,则 $H(R) = 0$,就表明该算法对推荐结果缺乏区分性,是一种极端状态。在推荐算法有区分度的情况下,其可获得的最大信息量记为:

$$\text{Max } H(R) = -\sum_{g \in G} \frac{1}{\text{TotalGoods}} \log_2 \frac{1}{\text{TotalGoods}} \quad (6.24)$$

综上,可以通过 D-S 证据理论来对每一种推荐算法的可信度进行衡量,即每一种推荐算法其推荐结果的可信度记为:

$$\text{mass}(G) = \begin{cases} \text{Fusion}(G) & \text{if } A = \{G\} \\ \frac{H(R)}{\max H(R)} & \text{if } A = \varnothing \\ 0 & \text{otherwise} \end{cases} \quad (6.25)$$

其中,Fusion(G)是推荐的无区分状态,即推荐列表为整个商品集。

---

① LIN J. Divergence measures based on Shannon entropy [J]. IEEE Transactions on Information Theory, 1991, 37 (1): 145–151.

6.6 实验与分析

6.6.1 实验数据

结合前文的研究,本书认为最终推荐的形成需要标签、评论、评分、信任关系等知识,但是目前还不存在同时包含这四项的数据集。而由于商品属性在本书推荐中至关重要,大部分数据集只有项目编号,无法获取其特征属性集,只有 MovieLens 数据集提供了电影名称,可以根据电影名称获取该电影的特征属性,因此本书选择了 MovieLens 数据集(100K)①。

MovieLens 数据集由 943 个用户对 1682 部电影的标注构成,其中评分记录 100000 条。主要包含 u.data、u.item 和 u.user 三个数据文件。其中,u.item 数据文件主要记录电影相关数据,文件中字段及含义如表 6-5 所示。表中后面的 19 个数据表示电影类别,包括电影分类的 18 类加上 unknown,电影属于某类,则该类别值为 1,否则为 0。

表 6-5 u.item 文件数据说明

字段	movie id	movie title	release date	video release date	IMDbURL	unknown
说明	编号	电影名称	发行时间	视频发行时间	IMDB 网址	类别未知
字段	Action	Adventure	Animation	Children's	Comedy	Crime
说明	动作	冒险	动画	儿童片	喜剧	犯罪
字段	Documentary	Drama	Fantasy	Film-Noir	Horror	Musical
说明	记录	剧情	奇幻	黑色	恐怖	音乐剧
字段	Mystery	Romance	Sci-Fi	Thriller	War	Western
说明	神秘	爱情	科幻	惊悚	战争	西部片

---

① HARPER F M, KONSTAN J A. The MovieLens Datasets: History and Context [J]. Acm Transactions on Interactive Intelligent Systems, 2016, 5 (4).

u. data 是用户评分文件,数据字段及说明如表 6-6 所示。用户评分是等级制,评分等级为 1~5,5 为最高分,1 为最低分。

表 6-6 u. data 文件数据说明

字段	user id	item id	rating	timestamp
说明	用户编号	项目编号	评分	评分时间

u. user 是用户文件,是对用户信息的说明,主要包括用户的编号、年龄、职业等。

6.6.2 实验设计

(1)数据预处理

因为数据集中只有电影名称、电影类别及上映时间,并没有对电影其他属性的描述,所以需要首先获取电影属性特征及其属性值。本书数据集中的电影都在 IMDB 网站有相应的链接,因此,根据 IMDB 上电影的描述信息,电影属性特征可初步描述为:导演、主要演员、上映时间、拍摄选址、IMDB 打分、影片分类、观影级别、影片时长、影片内容提要、影片主题词、观影评论、影片缺陷、场外花絮、精彩对白等。根据领域专家对上述属性优先级的认定,在尽量降低计算难度的前提下,根据第 4 章实验结论,本章电影推荐选取的属性特征有:导演、参演主角、发行时间、影片分类、观影级别、电影评分、电影语言、电影片长等。

本书根据 u. item 中的 movie title 字段信息,在网站上对上述主要属性特征进行抓取,获得影片样本量为 1682 部。数据集中电影的发行时间为 1922—1998 年,从时间统计来看,多为 1993 年以来的上映影片。按照十段法将发行时间离散化,可以得到以下分段:1962 年前、1962—1972 年、1972—1982 年、1982—1992 年、1993 年、1994 年、1995 年、1996 年、1997 年、1998 年,并用 1~10 分别对其进行赋值。

美国对电影级别的划分主要以观影人群年龄为分类依据,一般划分为 4 个级别。G 表示所有观影人群均可观看,PG 表示不适合儿童观看,PG-13 表示不适合 13 岁以下人群观看,R 表示不适合 17 岁以下人群观看,以此构建电影分级的 4 个属性值。其他属性值直接从网站获取,如表 6-7 所示。

表6-7 部分电影属性值

movie id	导演	主要演员	发行时间	类型	分级
1	John Lasseter	Tom Hanks, Tim Allen, Don Rickle	1995	Adventure ǀ Animation ǀ Children ǀ Comedy ǀ Fantasy	R
2	Martin Campbell	Pierce Brosnan, Sean Bean, Izabella Scorupco	1995	Adventure ǀ Children ǀ Fantasy	R
3	Allison Anders, Alexandre Rockwell	Allison Anders, Alexandre Rockwell	1995	Comedy ǀ Drama ǀ Thriller	R
4	Barry Sonnenfeld	Gene Hackman, Rene Russo, Danny DeVito	1995	Action ǀ Comedy ǀ Drama	R
5	Yimou Zhang	Li Gong, Baotian Li, Xiaoxiao Wang	1995	Crime ǀ Drama	R

通过统计，数据集中共有导演576个，演员3219个，因此，根据表6-3构建商品—属性矩阵。

（2）分组测试

从数据集中抽取500个用户，分10组进行测试。每组用户人数为50，但数据选择的依据不同，选取的标准是用户的评分次数。第1组用户评分次数在20~60之间，并随机抽取20个评分信息加入训练集；第2组用户评分次数在60~100之间，并随机抽取每个用户已评分的60部电影的评分数据作为用户评分训练集；第3组用户评分次数在100~140之间，以此类推，第10组的用户评分次数在380以上。通过上述操作构建本实验的训练集D，另外针对选定的每个用户，分别从每组已评分但是没被选入D的数据中选一部电影，构成测试集T。

利用通过数据预处理获得的电影属性矩阵和选定的数据集D，以及5.4节的需求模型和6.2节的属性矩阵，构建电影属性评分矩阵，然后利用价值叠加、神经网络以及协同过滤算法,分别对未知评分进行预测。其中,基于 NNs 的推荐在对模型进行训练时,首先需要将参数进行设定,本实验中将训练模型的初始循环参数设为 5000 次,误差率设为 0.08,学习系数设为 0.4。对于该组数据的评估,采用求解所有学习模型对预测准确的电影数量百分比的方法。

(3) 对不同推荐算法所获得结果进行融合处理

利用三种不同推荐算法对测试集 T 中的用户进行商品的评分预测,最终获得的推荐列表分别为 R_1,R_2,R_3。当 R_1,R_2,R_3 之间存在数据冲突,即三者不一致时,可利用 6.5 节 D-S 证据理论对三种推荐结果进行融合处理。

6.6.3 实验结果及分析

(1) 数据缺失率

本书推荐主要解决的问题之一就是数据的稀疏性问题,因此,首先以数据的稀疏性作为评价指标。数据的稀疏性以数据的缺失率来体现。

$$数据缺失率 = \frac{未评分数据}{全部矩阵元素} \times 100\% = \left(1 - \frac{N_r}{N_{user} \times N_{Item}}\right) \times 100\%$$

其中,N_r 表示评分记录数,N_{user} 表示数据集中所有用户的数目,N_{Item} 表示所有项目数。

MovieLens 基于用户—商品评分矩阵的数据缺失率和转换后基于用户—属性评分矩阵的缺失率,10 组数据对比如表 6-8 所示。

表 6-8 数据缺失率转化前后比较

	基于用户—商品评分矩阵缺失率/%	基于用户—属性评分矩阵缺失率/%
第 1 组	98.7	96.5
第 2 组	97.6	95.1
第 3 组	96.4	94.2
第 4 组	95.1	93.5
第 5 组	94.1	92.0
第 6 组	92.8	90.5
第 7 组	91.7	87.6

续上表

	基于用户—商品评分矩阵缺失率/%	基于用户—属性评分矩阵缺失率/%
第8组	90.4	86.3
第9组	89.1	85.1
第10组	87.9	83.2
10组总计	93.6	91.8

可见，通过对用户知识进行融合后的数据缺失率从93.6%降到了91.8%，有所改善，但是不明显。鉴于数据集中数据选取的有限性，出于计算复杂度的考虑，样本量比较小。但是在实际的应用中，基于属性的评分比基于商品的评分变化率要小，较为稳定。因此，随着应用的推广，参与评分的用户逐渐增加，当用户数量较大的时候，基于属性的评分对推荐的优势就会体现。以单用户为例，从每组数据中选一个用户来计算数据缺失率，用户商品评分和用户商品属性评分的数据缺失率对比如图6-1所示。

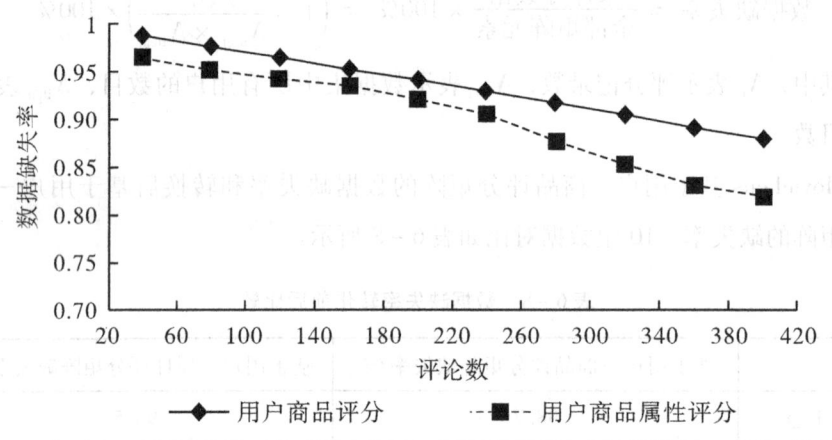

图6-1 评分缺失率对比

图6-1中，当样本数量增加的时候，无论是基于商品还是基于属性，数据的缺失率都呈下降的趋势。但是经过了前期共同的缓慢下降之后，当样本数量超过220之后，其缺失率的变化速度更快，且基于属性的缺失率明显比基于商品的缺失率下降快，符合本书之前对商品缺失率的预期，基于属性的推荐由于有更好的稳定性，对于数据缺失率的改善更好。

（2）准确率

商品推荐的目的是将正确的商品推荐给正确的用户，如何衡量正确性，则是通过准确率来表示的。推荐系统的准确率以正确预测的商品数占预测商品总数的比重表示，如公式所示。

$$p = \frac{正确预测商品数}{预测商品总数}$$

根据前文的实验，利用训练集数据对测试集数据进行准确率预测，利用不同算法进行推荐的准确率对比如图 6-2 所示。

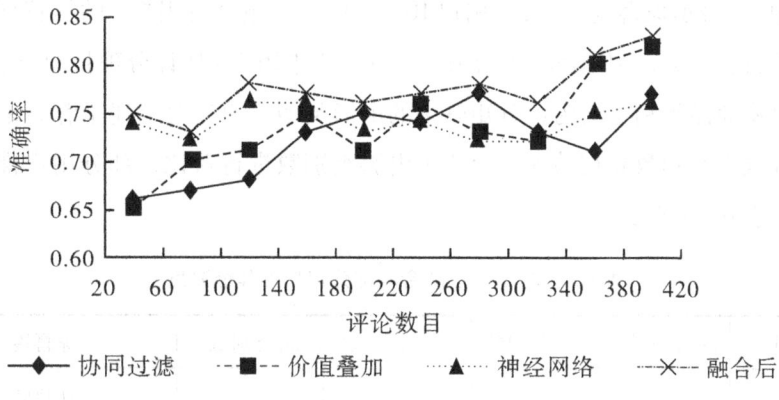

图 6-2 利用不同算法进行推荐的准确率对比

用户对商品的选择就是喜欢或不喜欢，因此，如果样本足够大，那么对商品随机推荐的准确率就是 0.5。图 6-2 显示协同过滤、价值叠加、神经网络以及融合后算法在推荐的准确率上都有一定效果，大于随机推荐，证明无论是上述三种算法的独立运行，还是融合后共同作用，对其的研究都是有价值的。就趋势而言，随着样本数量的增加，所有算法的准确率都呈上升趋势，也就意味着电商平台如果能获取更多的用户购买和评分，就能提高其推荐的准确率，从而与用户之间形成良性互动。就单独算法而言，协同过滤算法质量偏低，而价值叠加算法和神经网络算法在推荐准确率上较有优势，但是这种优势随着样本数量的变化，也略有起伏。总的而言，融合后的推荐结果，基本上是对三种算法的取长补短，因此在准确率上一直处于较优的状态。由此也证明了利用 D-S 证据理论对多种算法进行融合是具有价值的，且融合后的准确率甚至超过了 0.8。

(3) 惊喜性

惊喜性（serendipity）指的是推荐系统将新颖的、有趣的、出乎用户意料的商品推荐给用户[①]，用户因此获得的感受，可用惊喜度进行衡量。而惊喜由于本身包含了情感因素，是一个复杂的概念，从定性角度研究很难，从定量的角度尤甚。本书认为当推荐系统推荐的商品类别超出了用户初始评分商品类别范围，即超出用户预期，则认为其可能具有惊喜性。因此，构建单用户惊喜度公式如下：

$$s_i = \frac{NA_i - NB_i}{NB_i}$$

其中，s 表示惊喜度，i 表示用户 ID，NA_i 表示融合后用户 i 的推荐列表中所包含的项目类别数，NB_i 表示初始用户评分矩阵中用户 i 所评分项目的类别数。

本书将商品类别定义为评分矩阵中的电影类型，通过对上述推荐结果中各用户的推荐电影类别数和初始评分矩阵中电影类别数进行对比，部分用户推荐惊喜度对比如表 6-9 所示。

表 6-9 基于知识融合的部分用户推荐惊喜度

用户 ID	融合前评分商品类别数	推荐列表中商品类别数	惊喜度
1	4	4	0.000
2	6	7	0.167
3	2	2	0.000
4	8	8	0.000
5	6	8	0.333
6	10	12	0.200
7	3	4	0.333
8	6	9	0.500
9	6	7	0.167
10	4	5	0.250

---

① KOTKOV D, WANG S, VEIJALAINEN J. A survey of serendipity in recommender systems [J]. Knowledge-Based Systems, 2016, 111: 180-192.

对算法惊喜度的衡量构建公式如下：

$$s = \frac{\sum_{i=1}^{n}(NA_i - NB_i)}{\sum_{i=1}^{n} NB_i}$$

不同算法惊喜度对比，结果如表6-10所示。

表6-10 不同算法惊喜度对比

算法	惊喜度
价值叠加算法	0.145
神经网络算法	0.241
协同过滤算法	0.213
D-S证据理论融合算法	0.258

通过对不同推荐算法的惊喜度进行度量，对比融合前的三种算法可以看出，价值叠加算法的惊喜度最低，其次是协同过滤算法，然后是神经网络算法，基于D-S证据理论的融合算法惊喜度相对于前三种算法都略有提高。但是考虑到惊喜性与精准性之间的矛盾性，本算法仍然以精准性作为主要考虑目标，因此，惊喜度的提升幅度不大。

6.7 小结

本章在第4章商品特征模型和第5章用户需求的基础上，研究了如何利用价值叠加算法、神经网络算法和协同过滤算法，实现用户需求与商品的匹配。通过用户需求中用户—商品评分矩阵向用户—属性评分矩阵的转化，建立用户与属性之间的关联，然后通过不同的算法来实现推荐。但是由于不同算法各自存在利弊，本书试图对算法取长避短，利用D-S证据理论对不同算法的推荐结果进行融合。通过实验验证，融合之后的结果无论在数据稀疏性还是在评价结果的准确性和惊喜性方面都有了一定的提高。

对异构度的敏感性测试结果如下：

$$s = \frac{\sum (y_i - \bar{y}_R)^2}{\sum y_i}$$

不同算法敏感度 (t)，实验值介于 0～10 之间。

表 6-10 不同算法敏感度对比

方法	敏感度
协同过滤算法	0.184
本文矩阵分解法	0.211
传统矩阵分解	0.213
D-S证据理论推荐算法	0.258

敏感度不高需要从推荐算法上了解，可比较各组的工作情况方法，将推测用户的敏感度更低，测试显示推测结果最低。D-S可推理的即能否算在敏感度 相比，结果显示敏感度较低，因此考虑同时由其与相理解之间的不同性。本算法以此算以结果得出方式主要考虑到相比，因此，推荐的准确度不大。

6.7 小结

本章论述了本章推荐算法由于本章中的主要反应上。概述了本章针对的推荐研究点，并表达基础进行运动实验证，又应用本章出来为商品的推荐。通过此实验论进行一致影响性能的变化。主要对每相影响其他，本算以自对生效的实用。当前研究了基础上前期为上两方面。得出一些可用于算法本算用，为在实际的推荐结论上，本章给出了算法方法上不足为，推荐上出来对两个方面影响上，获得了基础上为对相应的研究点，为在实际的推荐结论上论述得。这也是本文的本章目的。

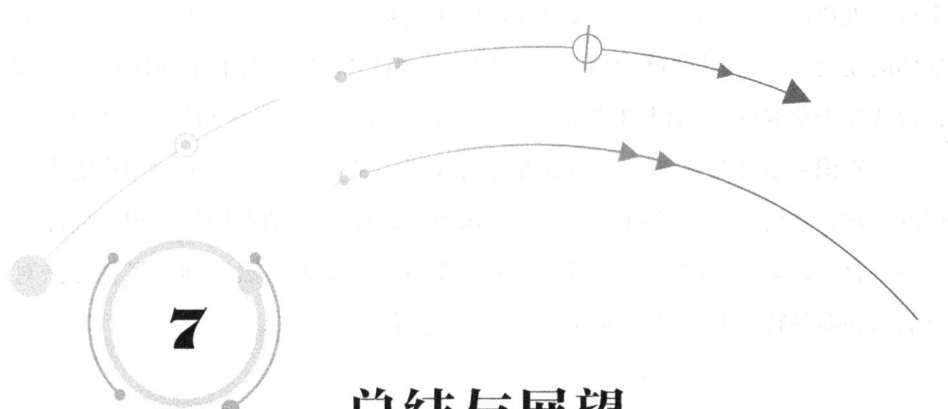

7 总结与展望

电子商务推荐系统通过挖掘用户的潜在需求,并构建用户潜在需求与商品之间的关联关系,从而实现向用户推荐最可能符合其需求的商品,以解决用户在面对过量信息时的决策困境,帮助用户快速而准确地制定购物决策,获得满意的购物体验,同时电子商务推荐系统也是企业提高商品的销售额,扩大企业利润的重要手段。大数据环境对推荐系统来说既是机遇也是挑战:机遇在于电子商务和社交媒体的发展为追寻用户行为轨迹、深度探索用户需求提供了足够的信息与知识,挑战在于获取这些知识的技术和手段还有待改善。本书从知识融合的角度,以信息-知识-服务为线索,以消费者行为理论为基础,分析了影响用户需求和偏好的因素,并构建了电子商务推荐的知识模型,通过分别对用户知识、商品知识进行融合,以融合后的结果为用户需求和商品特征知识,然后利用多种方法对用户需求和商品特征知识进行融合,最终实现推荐。

7.1 总结

电子商务推荐系统中的用户和商品是本书的研究对象;向正确的用户推荐正确的商品是本书的研究目标;三层知识融合理论是本书的主要技术路线;通过推荐知识的统一建模构建电子商务推荐知识库,在知识库的基础上挖掘用户需求和商品特征知识,并建立精准化的推荐系统是本书的主要内容。

首先,本书构建了基于知识融合模型的电子商务推荐框架,针对现有推荐系统中存在的问题进行了分析总结。随着推荐技术的发展,电子商务推荐系统在各电子商务平台取得了广泛的应用,也取得了较好的应用效果,但是在冷启动、数据稀疏性以及用户满意度方面仍存在不足。本书针对这些不足,通过消费者行为理论和消费者价值感知理论,在对电子商务推荐中两大重要维度——商品和用户进行分析的基础上,借鉴知识融合三层模型理论,提出了基于知识融合的电子商务推荐模型。本书认为,电子商务推荐是对推荐知识库中用户知识和商品知识的融合,按照其层次,可分为:数据层融合,对大数据环境下用户信息和商品信息构建统一的知识模型,用以存储用户知识和商品知识;模型层融合,对用户知识和商品知识分别融合,以生成用户需求知识和商品特征知识;方法层融合,对用户需求知识和商品特征知识的融合,以生成最终的推荐列表。

其次,本书构建了基于 ReKnOnto 的电子商务推荐知识库。知识库以本体模型 ReKnOnto 来描述,推荐知识模型中主要包括两个重要概念,即商品和用户,商品和用户之间通过评分、评论、标签属性建立关联,用户和用户之间通过信任属性建立关联。商品本身含有自然属性和社会属性,自然属性体现商品本身的固有属性特征,社会属性则是通过用户赋予;用户本身含有静态概要属性和动态概要属性,静态概要属性主要描述用户认知知识方面的属性特征,动态概要属性则通过用户行为来体现,描述用户的行为知识。最终,通过知识获取方法来构建推荐知识库。

再次,对统一知识库中的用户知识进行分析,反映用户购物意愿的重要因素在于商品的社会属性知识,包括标签、评论、评分等,而其中涉及商品属性特征的主要是标签和评论。利用本体技术,构建了基于标签的商品特征属性模型;通过对评论文本进行分析,挖掘了评论中用户最感兴趣的商品特征集;通过对基于标签的商品特征本体和基于评论的商品特征集进行融合,构建了商品特征属性集。

然后,针对用户—商品评分矩阵稀疏性问题,本书通过兴趣图谱和社交图谱的融合来构建用户兴趣模型,扩展用户—商品评分矩阵。基于用户评分矩阵构建了用户兴趣初始矩阵,并且通过资源分配算法对兴趣相似性进行度量,实现了兴趣图谱的自学习。在兴趣图谱的基础上融合社交网络中的信任关系,构建新的用户需求矩阵,并通过数据验证,融合后的用户需求矩阵比融合前的矩阵在数据稀疏性方面有了大大的改善。

最后,在商品特征模型和用户需求模型构建的基础上,研究了如何利用价值叠加算法、神经网络算法和协同过滤算法,实现用户需求与商品的匹配。通过用户需求中用户—商品评分矩阵向用户—属性评分矩阵的转化,建立用户与属性之间的关联,然后通过不同的算法来实现推荐。但是由于不同算法各自存在利弊,本书试图对算法取长避短,利用 D-S 证据理论对不同算法的推荐结果进行融合。通过实验验证,融合之后的结果无论在数据稀疏性还是在评价结果的准确性方面都有了较大的提高。

7.2　不足之处

本书构建了基于标签和评论融合的商品特征模型、基于兴趣图谱和社交图谱融合的用户需求模型，并在此基础上对多种推荐算法利用 D-S 证据理论进行了融合，实现了电子商务的推荐。结果表明，本模型在最终的推荐结果上，无论是解决数据稀疏性问题，还是在最终的推荐准确性方面都有很好的表现，但是在构建模型和数据处理的过程中，本书还存在以下几点不足，并期望在后续的研究中进行改进与完善。

（1）在模型的构建上，出于数据获取和表达的考虑，无论是商品还是用户，都是基于用户行为来构建的。本书模型的构建基于两个前提，一是假设用户社会属性知识从深层次反映了用户对商品自然属性知识的认识，二是假设用户认知知识可以通过用户行为来体现。因此，在构建商品特征模型和用户需求模型的过程中，只考虑了商品社会属性知识和用户行为知识。这样的处理能在一定程度上反映用户的购物决策过程，但是一定有所瑕疵，对于最终推荐效果会有一定的影响。

（2）在实验部分，在数据集的选择上，由于电商网站的限制，以及用户隐私的考量，无法获取较全的商品用户信息。不能通过网络爬取获取数据，故只能利用现有的数据集来进行实验。而能对本书所需数据涵盖比较好的就只有 MovieLens 数据集，但是因为这是电影评分数据集，在对电子商务用户商品信息特征及用户行为的表达上，是否能够做到足够准确，还有待进一步验证。

7.3　研究展望

本书认为电子商务推荐就是对用户、商品知识不断融合的过程，通过对用户知识融合构建用户需求模型，通过对商品知识融合构建商品特征模型，通过对用户、商品知识融合形成推荐列表。此外，本书提出了基于用户兴趣图谱和社交图谱融合的用户需求建模、基于标签和评论融合的用户商品特征建模、基于多算法的推荐方法融合。基于本书的研究以及对本领域研究现状和趋势的了解，电子商务推荐领域未来的研究发展主要从以下几个方面展开。

（1）跨领域用户兴趣建模。本书基于兴趣构建了用户的兴趣模型，通过用户—兴趣—商品模型来实现商品推荐，以及试图以兴趣为入口，探索用户在不同类别商品中的兴趣关联，从而避免过于专门化的推荐，但是这里不同类别仍隶属于同一领域。而随着大数据时代的到来，用户的网络足迹会越来越多，捕捉不同领域的足迹，实现跨领域推荐，对于提高用户满意度具有重要意义，也是未来的重要发展方向。

（2）对用户在线评论的深入挖掘。本书在构建商品特征模型时引入了评论信息，但是在探索用户需求和偏好时由于时空复杂度，忽略了用户评论，而事实上，含有文本信息的用户评论相比枯燥的评分信息更能反映用户细粒度的偏好，值得深入挖掘。

（3）商品知识库的构建。商品作为电子商务推荐的两大维度之一，在推荐环节中起着至关重要的作用，构建层次清晰、特征明确的商品知识库，对于推荐研究具有重要意义，本书在这方面做了适当尝试，但还不够，未来可进一步深入研究。

参 考 文 献

[1] SMIRNOV A, LEVASHOVA T, SHILOV N. Patterns for context-based knowledge fusion in decision support systems [J]. Information Fusion, 2015, 21: 114 – 129.

[2] ALVES H, SANTANCHE A. Folksonomized ontology and the 3E steps technique to support ontology evolvement [J]. Web Semantics Science Services & Agents on the World Wide Web, 2013, 18 (1): 19 – 30.

[3] BAO H, LI Q, LIAO S S, et al. A new temporal and social PMF-based method to predict users' interests in micro-blogging [J]. Decision Support Systems, 2013, 55 (3): 698 – 709.

[4] BI B, MA H, HSU B J P, et al. Learning to recommend related entities to search users [C] //Proceedings of the Eighth ACM International Conference on Web Search and Data Mining. ACM, 2015: 139 – 148.

[5] CAO E. A personalised recommendation algorithm for e-commerce network information based on two-dimensional correlation [J]. International journal of autonomous and adaptive communications systems: IJAACS, 2022.

[6] CHARRON B, HIRATE Y, PURCELL D, et al. Extracting semantic information for e-Commerce [C] //International Semantic Web Conference. Springer International Publishing, 2016: 273 – 290.

[7] CHEN L, CHEN G, WANG F. Recommender systems based on user reviews: the state of the art [J]. User Modeling and User-Adapted Interaction, 2015, 25 (2): 99 – 154.

[8] CHEN R C, HUANG Y H, BAU C T, et al. A recommendation system based on domain ontology and SWRL for anti-diabetic drugs selection [J]. Expert Sys-

tems with Applications, 2012, 39 (4): 3995 – 4006.

［9］ CHEN X, XUE Y, SHIUE Y. Rule based semantic reasoning for personalized recommendation in Indoor O2O e-commerce ［J］. International Core Journal of Engineering, 2020, 6 (1): 309 – 318.

［10］ CLARE C J, WRIGHT G, SANDIFORD P, et al. Why should I believe this? Deciphering the qualities of a credible online customer review ［J］. Journal of Marketing Communications, 2016: 1 – 20.

［11］ CLEMENTE J, RAMÍREZ J, ANTONIO A D. A proposal for student modeling based on ontologies and diagnosis rules ［J］. Expert Systems with Applications, 2011, 38 (7): 8066 – 8078.

［12］ CNNIC: 2023 年第 51 次中国互联网络发展状况统计报告 ［R］. 北京: 中国互联网络信息中心, 2023.

［13］ D B, M G, L M, et al. Case-based recommender systems ［J］. The Knowledge Engineering Review, 2005, 20 (3): 315 – 320.

［14］ DAI C, QIAN F, JIANG W, et al. A personalized recommendation system for NetEase dating site ［J］. Proceedings of the Vldb Endowment, 2014, 7 (13): 1760 – 1765.

［15］ DING Y, JACOB E K, FRIED M, et al. Upper tag ontology (UTO) for integrating social tagging data ［J］. Journal of the American Society for Information Science & Technology, 2010, 61 (3): 505 – 521.

［16］ DOOMS S, PESSEMIER T, MARTENS L. Online optimization for user-specific hybrid recommender systems ［J］. Multimedia Tools and Applications, 2015, 74 (24): 11297 – 11329.

［17］ FISCH D, KALKOWSKI E, SICK B. Knowledge fusion for probabilistic generative classifiers with data mining applications ［J］. IEEE Transactions on Knowledge & Data Engineering, 2014, 26 (3): 652 – 666.

［18］ FISH K E, JOHNSON J D, DORSEY R E, et al. Using an artificial neural network trained with a genetic algorithm to model brand share ［J］. Journal of Business Research, 2004, 57 (1): 79 – 85.

[19] GUO G, ZHANG J, THALMANN D, et al. ETAF: an extended trust antecedents framework for trust prediction [C] // Ieee/acm International Conference on Advances in Social Networks Analysis and Mining. IEEE, 2014: 540 - 547.

[20] GUO G, ZHANG J, YORKE-SMITH N. TrustSVD: collaborative filtering with both the explicit and implicit influence of user trust and of item ratings [C] // Twenty-Ninth AAAI Conference on Artificial Intelligence. AAAI Press, 2015: 123 - 129.

[21] HARPER F M, KONSTAN J A. The movieLens datasets: history and context [J]. Acm Transactions on Interactive Intelligent Systems, 2016, 5 (4).

[22] HUSSIEN F T A, RAHMA A M S, ABDULWAHAB H B. An e-commerce recommendation system based on dynamic analysis of customer behavior [J]. Sustainability, 2021, 13 (19): 10786. DOI: 10.3390/su131910786.

[23] JI J, HU R, ZHANG H, et al. A hybrid method for learning Bayesian networks based on ant colony optimization [J]. Applied Soft Computing Journal, 2011, 11 (4): 3373 - 3384.

[24] JIANG X, TAN A H. Learning and inferencing in user ontology for personalized Semantic Web search [J]. Information sciences, 2009, 179 (16): 2794 - 2808.

[25] KALELI C. An entropy-based neighbor selection approach for collaborative filtering [J]. Knowledge-Based Systems, 2014, 56 (C): 273 - 280.

[26] KANT V, BHARADWAJ K K. Enhancing recommendation quality of content-based filtering through collaborative predictions and fuzzy similarity measures [J]. Procedia Engineering, 2012, 38: 939 - 944.

[27] KIM H L, BRESLIN J G, CHAO H C, et al. Evolution of social networks based on tagging practices [J]. IEEE Transactions on Services Computing, 2013, 6 (2): 252 - 261.

[28] KIM H N, HA I, LEE K S, et al. Collaborative user modeling for enhanced content filtering in recommender systems [J]. Decision Support Systems, 2011, 51 (4): 772 - 781.

[29] KO H, LEE S, PARK Y, et al. A survey of recommendation systems: recommendation models, techniques, and application fields [J]. Electronics, 2022, 11 (1): 141.

[30] KOTKOV D, WANG S, VEIJALAINEN J. A survey of serendipity in recommender systems [J]. Knowledge-Based Systems, 2016, 111: 180-192.

[31] KUMARAN R, MONISHA L, YAMUNA T, et al. Sentiment analysis in e-commerce using recommendation system [J]. IJERT-International Journal of Engineering Research & Technology, 2020 (12).

[32] LEE S K, CHO Y H, KIM S H. Collaborative filtering with ordinal scale-based implicit ratings for mobile music recommendations [J]. Information Sciences, 2010, 180 (11): 2142-2155.

[33] LI D, LV Q, XIE X, et al. Interest-based real-time content recommendation in online social communities [J]. Knowledge-Based Systems, 012, 28: 1-12.

[34] LI Y M, WU C T, LAI C Y. A social recommender mechanism for e-commerce: combining similarity, trust, and relationship [J]. Decision Support Systems, 2013, 55 (3): 740-752.

[35] LIN H, LIN Y, YU J, et al. Weighing fusion method for truck scales based on prior knowledge and neural network ensembles [J]. IEEE Transactions on Instrumentation and Measurement, 2014, 63 (2): 250-259.

[36] LIU D R, LAI C H, CHIU H. Sequence-based trust in collaborative filtering for document recommendation [J]. International Journal of Human-Computer Studies, 2011, 69 (9): 587-601.

[37] LOPS P, GEMMIS M D, SEMERARO G. Content-based recommender systems: state of the art and trends [M] // Recommender Systems Handbook. Springer US, 2011: 73-105.

[38] LYNNE G. The interest graph architecture-social modeling and information fusion [J]. Proc. of SPIE 2012, 2012, 8392: 1-46.

[39] MA D, WANG Y, MA J, et al. SGNR: a social graph neural network based interactive recommendation scheme for e-commerce [J]. Tsinghua Science and

Technology, 2023, 28 (4): 786 – 798.

[40] MA D, SONG D, LIAO L. Incorporating social actions into recommender systems [C] // International Conference on Web-Age Information Management. Springer, Berlin, Heidelberg, 2013: 698 – 704.

[41] MA H, YANG H, LYU M R, et al. SoRec: social recommendation using probabilistic matrix factorization [J]. Computational Intelligence, 2008, 28 (3): 931 – 940.

[42] MA H, ZHOU D, LIU C, et al. Recommender systems with social regularization [C] // Forth International Conference on Web Search and Web Data Mining, WSDM 2011, Hong Kong, China, February, 2011: 287 – 296.

[43] MOHANRAJ V, CHANDRASEKARAN M, SENTHILKUMAR J, et al. Ontology driven bee's foraging approach based self adaptive online recommendation system [J]. Journal of Systems & Software, 2012, 85 (11): 2439 – 2450.

[44] MUDAMBI S M, SCHUFF D. What makes a helpful online review? a study of customer reviews on amazon.com [M]. Society for Information Management and The Management Information Systems Research Center, 2010.

[45] NASIR M, EZEIFE C I. Semantic enhanced markov model for sequential e-commerce product recommendation [J]. International Journal of Data Science and Analytics, 2023.

[46] PARK D H, KIM H K, CHOI I Y, et al. A literature review and classification of recommender systems research [J]. Expert Systems with Applications, 2012, 39 (11): 10059 – 10072.

[47] PATRA B K, LAUNONEN R, OLLIKAINEN V, et al. A new similarity measure using bhattacharyya coefficient for collaborative filtering in sparse data [J]. Knowledge-Based Systems, 2015, 82 (C): 163 – 177.

[48] PROBST K, GHANI R, FANO A E, et al. Extraction of attributes and values from natural language documents: US, US8521745 [P]. 2013.

[49] SAHOO N, KRISHNAN R, DUNCAN G, et al. The halo effect in multi-component ratings and its implications for recommender systems: the case of Yahoo!

movies [J]. Information Systems Research, 2012, 23 (1): 231-246.

[50] SAMLINSON E, USHA M. User-centric trust based identity as a service for federated cloud environment [C] // Fourth International Conference on Computing, Communications and NETWORKING Technologies. IEEE, 2014: 1-5.

[51] SANTOSH D T, BABU K S, PRASAD S D V, et al. Opinion mining of online product reviews from traditional LDA Topic clusters using feature ontology tree and sentiwordnet [J]. 2016.

[52] SHAMBOUR Q, LU J. A trust-semantic fusion-based recommendation approach for e-business applications [J]. Decision Support Systems, 2012, 54 (1): 768-780.

[53] SHERCHAN W, NEPAL S, PARIS C. A survey of trust in social networks [J]. ACM Computing Surveys (CSUR), 2013, 45 (4): 47.

[54] SMIRNOV A, LEVASHOVA T, SHILOV N. Patterns for context-based knowledge fusion in decision support systems [J]. Information Fusion, 2015, 21 (1): 114-129.

[55] TANG J, HU X, LIU H. Social recommendation: a review [J]. Social Network Analysis & Mining, 2013, 3 (4): 1113-1133.

[56] WALTER F E, BATTISTON S, SCHWEITZER F. A model of a trust-based recommendation system on a social network [J]. Autonomous Agents and Multi-Agent Systems, 2008, 16 (1): 57-74.

[57] WANG J, ZHANG Y. Utilizing marginal net utility for recommendation in e-commerce [C] // International ACM SIGIR Conference on Research and Development in Information Retrieval. ACM, 2011: 1003-1012.

[58] WANG W, CHEN Z, LIU J, et al. User-based collaborative filtering on cross domain by tag transfer learning [J]. 2012: 10-17.

[59] WEI Q, WANG, IZAK, et al. Attributions of trust in decision support technologies: a study of recommendation agents for e-commerce [J]. Journal of Management Information Systems, 2008, 24 (4): 249-273.

[60] WU W YB. Personalized recommendation algorithm based on consumer psy-

chology of local group purchase e-commerce users [J]. Journal of intelligent & fuzzy systems: Applications in Engineering and Technology, 2019, 37 (5aPta1).

[61] YANG B, LEI Y, LIU D, et al. Social collaborative filtering by trust [C] // International Joint Conference on Artificial Intelligence. AAAI Press, 2013: 2747 - 2753.

[62] YANG L, XI P. Opinion dynamics under different agents' personality [J]. 2010, 1: 342 - 345.

[63] YAO W, HE J, HUANG G, et al. Modeling dual role preferences for trust-aware recommendation [J]. 2014: 975 - 978.

[64] YU T B, DING J M, SONG Y H, et al. Research on model of cooperative technology service based on genetic fusion algorithm [C]. 2012 International Conference on Management Science & Engineering (19 th) September 20 - 22, 2012 Dallas, USA: 1673 - 1679.

[65] YUAN Q, CHEN L ZHAO S. Factorization vs. regularization: fusing heterogeneous social relationships in top-n recommendation [C] //Proceedings of the fifth ACM conference on Recommender systems. ACM, 2011: 245 - 252.

[66] YUAN Q, CONG G, SUN A. Graph-based point-of-interest recommendation with geographical and temporal influences [J]. 2014: 659 - 668.

[67] YUAN W, GUAN D, LEE Y K, et al. Improved trust-aware recommender system using small-worldness of trust networks [J]. Knowledge-Based Systems, 2010, 23 (3): 232 - 238.

[68] ZANKER M, JESSENITSCHNIG M, SCHMID W. Preference reasoning with soft constraints in constraint-based recommender systems [J]. Constraints, 2010, 15 (4): 574 - 595.

[69] ZENG Y, SONG S, PENG W. Optimal add-on items recommendation service strength strategy for e-commerce platform with full-reduction-promotion [J]. RAIRO-Operations Research, 2022, 56 (2): 1031 - 1049. DOI: 10.1051/ro/2022037.

[70] ZHANG Y, LIU Y. A collaborative filtering algorithm based on time period

partition [C] // Third International Symposium on Intelligent Information Technology and Security Informatics. IEEE Computer Society, 2010: 777-780.

[71] ZHENG N, LI Q. A recommender system based on tag and time information for social tagging systems [J]. Expert Systems with Applications, 2011, 38 (4): 4575-4587.

[72] ZHOU T, Lü L, ZHANG Y C. Predicting missing links via local information [J]. The European Physical Journal B-Condensed Matter and Complex Systems, 2009, 71 (4): 623-630.

[73] ZHU Z, WANG S, WANG F, et al. Recommendation networks of homogeneous products on an e-commerce platform: measurement and competition effects [J]. Expert Systems with Application, 2022 (Sep.): 201.

[74] 德鲁克. 管理的实践 [M]. 北京: 机械工业出版社, 2008: 41-42.

[75] 蔡家琪. 用新制度经济学的角度去分析社会信用 [J]. 西部皮革, 2017, 39 (6): 106-106.

[76] 查叶飞. 基于可信机制及用户偏好模型的推荐技术的研究与应用 [D]. 南京: 东南大学, 2015.

[77] 陈国青, 熊辉, 曹永知, 等. 新兴电子商务: 深度模式分析与不确定性建模 [M]. 北京: 清华大学出版社, 2013, 5.

[78] 程秀峰, 张孜铭. 基于情境感知的电商平台推荐系统框架研究 [J]. 情报理论与实践, 2021 (2): 168-177.

[79] 崔超然, 马军. 一种结合相关性和多样性的图像标签推荐方法 [J]. 计算机学报, 2013, 36 (3): 654-663.

[80] 戴维·刘易斯, 达恩瑞·布里格, 刘易斯, 等. 新消费者理念 [M]. 北京: 机械工业出版社, 2002.

[81] 丁振国, 陈静. 基于关联规则的个性化推荐系统 [J]. 计算机集成制造系统, 2003, 9 (10): 891-893.

[82] 窦永香, 何继媛, 刘东苏. 大众标注系统中基于本体的语义检索模型研究 [J]. 情报学报, 2012, 31 (4): 381-389.

[83] 樊孝忠, 李宏科, 李良富, 等. 银行领域汉语自动问答系统 BAQS 的

研究与实现［J］．北京理工大学学报，2004，24（6）：528-532．

［84］方曙光．"弱关系"和"强关系"下的网络互动和网络运动［J］．北京理工大学学报（社会科学版），2014，16（2）：135-141．

［85］菲利普·科特勒，凯文·莱恩·凯勒．营销管理［M］．14 版．王永贵，等译．上海：格致出版社，2015：151-177．

［86］菲利普·科特勒，凯文·莱恩·凯勒．营销管理［M］．上海：格致出版社，2016．

［87］冯兴杰，曾云泽．基于用户评论的动态方面注意力电商推荐深度学习模型［J］．计算机应用与软件，2020，37（3）：8．

［88］冯在文，何克清，李兵，等．一种基于情境推理的语义 Web 服务发现方法［J］．计算机学报，2008，31（8）：1354-1363．

［89］傅敏．基于信任和不信任的协同过滤推荐模型研究［D］．秦皇岛：燕山大学，2012．

［90］甘健侯，姜跃，夏幼明．本体方法及其应用［M］．北京：科学出版社，2011：4-5．

［91］緱锦，杨建刚，蒋云良，等．基于元信息和本体论的知识融合算法［J］．计算机辅助设计与图形学学报，2006，18（6）：819-823．

［92］緱锦．知识融合中若干关键技术研究［D］．杭州：浙江大学，2005．

［93］顾邦军．网络环境下虚拟产品设计的知识融合技术研究［D］．衡阳：南华大学，2007．

［94］郭雪梅．基于社会化标签的用户标注行为和时间因素的个性化推荐方法研究［J］．情报科学，2020（2）：68-74．

［95］韩立岩．基于 D-S 证据理论的知识融合及其应用［J］．北京航空航天大学学报，2006（1）：65-73．

［96］何海洋．基于矩阵分解及其图模型的协同过滤推荐算法研究［D］．西安：西安电子科技大学，2015．

［97］何友沁．基于信任的推荐方法及应用研究［D］．大连：大连理工大学，2014．

［98］亨利·福特，福特，李伟．我的工作和生活：福特自传［M］．北京：

新世界出版社，2010.

［99］胡蓓，王聪颖. 基于信息融合的发展中国家高技术产业集群知识融合与创新模型研究［J］. 图书情报工作，2009，53（2）：38.

［100］胡春华，邓奥，童小芹，等. 社交电商中融合信任和声誉的图神经网络推荐研究［J］. 中国管理科学，2021，29（10）：202-212.

［101］胡晓，胡洁，彭颖红，等. 语义级知识融合中的冲突消解方法［J］. 上海交通大学学报，2009，11，43（11）.

［102］胡媛，胡昌平. 基于知识聚合的数字图书馆社区推送服务组织：以武汉大学数字图书馆社区为例［J］. 国家图书馆学刊，2016，25（2）：66-76.

［103］黄梯云. 智能决策支持系统［M］. 北京：电子工业出版社，2001.

［104］蒋慧，徐浩宇. 电商平台个性化推荐算法规制的困境与出路［J］. 价格理论与实践，2022（12）：5.

［105］黎雪微，应时，洪伟. 基于语义关联和信息距离的个性化推荐方法研究［J］. 情报理论与实践，2019，42（11）：8.

［106］李聪，马丽. 电子商务推荐系统瓶颈问题研究［M］. 北京：科学出版社，2016，1：2-4.

［107］李加军. 基于协同过滤的电子商务智能推荐方法研究［J］. 微型电脑应用，2022（3）：038.

［108］李家华. 基于大数据的人工智能跨境电商导购平台信息个性化推荐算法［J］. 科学技术与工程，2019，19（14）：6.

［109］李涛，王建东，叶飞跃，等. 一种基于用户聚类的协同过滤推荐算法［J］. 系统工程与电子技术，2007，29（7）：1178-1182.

［110］李韬奋，杨水利，祝明伟. 体验型产品个性化推荐的结构维度实证研究：以图书产品为例［J］. 软科学，2021，35（6）：139-144.

［111］李伟卿，池毛毛，王伟军. 面向用户长短期偏好调节的可解释个性化推荐方法研究［J］. 图书情报工作，2021，65（12）：11.

［112］李镇宇，朱小龙，周从华，等. 基于GRU网络的会话型混合电商推荐算法［J］. 计算机与数字工程，2022（5）：050.

［113］廖成林，蔡春江，李忆. 电子商务中在线评论有用性影响因素实证研

究［J］．软科学，2013，27（5）：46－50．

［114］林鑫，桑运鑫，龙存钰．基于用户决策机理的个性化推荐［J］．图书情报工作，2019，63（2）：8．

［115］刘海峰，王元元，姚泽清，等．一种基于特征聚类的文本分类模型研究［J］．情报学报，2008，27（2）：224－228．

［116］刘凯．基于屏幕视觉热区的用户偏好提取及个性化推荐［M］．北京：科学出版社，2016：15－35．

［117］刘利梅．推荐规模对个性化推荐系统用户决策的影响机制研究［J］．南开管理评论，2020（1）：9．

［118］刘平峰，朱孔真，杨柳，等．基于用户兴趣图谱的个性化推荐系统设计［J］．武汉理工大学学报（信息与管理工程版），2014（3）：341－344．

［119］刘晓娟，李广建，化柏林．知识融合：概念辨析与界说［J］．图书情报工作，2016，60（13）：13－19，32．

［120］吕苗．基于情境的商品个性化推荐方法研究［D］．大连：大连理工大学，2015．

［121］吕巍，杨颖，张雁冰．AI个性化推荐下消费者感知个性化对其点击意愿的影响［J］．管理科学，2020，33（5）：14．

［122］马鑫，王芳，段刚龙．面向电商内容安全风险管控的协同过滤推荐算法研究［J］．情报理论与实践，2022（10）：045．

［123］迈克尔·所罗门，卢泰宏，杨晓燕．消费者行为学［M］．北京：中国人民大学出版社，2014：20．

［124］邱均平，余厚强．知识科学视角下国际知识融合研究进展与趋势［J］．图书情报工作，2015，59（8）：126－132，148．

［125］沈旺，李亚峰，侯昊辰．数字参考咨询知识融合框架研究［J］．图书情报工作，2013（19）：139－143．

［126］宋健．基于主题挖掘和时间窗口划分的兴趣推荐技术研究［D］．上海：华东师范大学，2010．

［127］唐晓波，魏巍．知识融合：大数据时代知识服务的增长点［J］．图书馆学研究，2015（5）：9－14．

[128] 王爱国,李廉,杨静,等. 一种基于 Bayesian 网络的网页推荐算法[J]. 山东大学学报(工学版),2011,41(4):137-142.

[129] 王刚,郭雪梅. 融合用户行为分析和兴趣序列相似性的个性化推荐方法研究[J]. 情报理论与实践,2019,42(7):7.

[130] 王刚,郭雪梅. 社交网络环境下基于用户行为分析的个性化推荐服务研究[J]. 情报理论与实践,2018,41(8):6.

[131] 王伟军,王阳,王玉珠,等. 移动商务用户个性化推荐采纳行为影响因素的实证研究[J]. 系统管理学报,2017,26(5):8.

[132] 王兴芬,杜惠英. 基于买家评论文本分析的 C2C 电子商务推荐信任研究[J]. 中国流通经济,2018,32(11):9.

[133] 夏荣菲,万隆君. 基于知识融合的船舶能耗决策支持系统[J]. 船舶工程. 2014(S1):166-169.

[134] 熊回香,邓敏,郭思源. 国外社会化标注系统中标签与本体结合研究综述[J]. 情报杂志,2013(8):136-141.

[135] 徐赐军,李爱平,刘雪梅. 基于本体的知识融合框架[J]. 计算机辅助设计与图形学学报,2010,22(7):1230-1236.

[136] 徐晓,翟敬梅,刘海涛,等. 制造决策的知识融合粗糙集模型[J]. 华南理工大学学报(自然科学版). 2011(8):36-41.

[137] 姚凯,涂平,陈宇新,等. 基于多源大数据的个性化推荐系统效果研究[J]. 管理科学,2018,31(5):1-15.

[138] 姚凯,涂平,陈宇新,等. 基于多源大数据的个性化推荐系统效果研究[J]. 管理科学,2018,31(5):13.

[139] 叶佳鑫,熊回香. 基于标签的跨领域资源个性化推荐研究[J]. 现代图书情报技术,2019,003(2):21-32.

[140] 伊斯利. 网络、群体与市场[M]. 北京:清华大学出版社,2011.

[141] 余小高. 电子商务智能推荐系统研究[M]. 武汉:湖北人民出版社,2012.

[142] 袁金凤. 基于信任扩散机制的推荐系统研究[D]. 重庆:西南大学,2014.

[143] 占南,闫香玉. 电商智能推荐用户信息隐私披露意愿影响机制研究 [J]. 现代情报,2023,43(10):35-53.

[144] 张富国. 基于社交网络的个性化推荐技术 [J]. 小型微型计算机系统,2014,35(7):1470-1476.

[145] 张维迎. 信息、信任与法律 [M]. 北京:三联书店,2003.

[146] 赵丽梅,孙艳华. 面向知识创新的高校科研团队内部知识整合的特征与内涵研究 [J]. 科技管理研究,2015,35(1):171-176.

[147] 周芳,韩立岩. 基于知识融合的公司失败判别方法 [J]. 财会通讯:综合(中),2015(3):61-63.

[148] 周芳,刘玉战,韩立岩. 基于模糊集理论的知识融合方法研究 [J]. 北京理工大学学报(社会科学版),2013,3:010.

[149] 朱宏启,王诚. 基于电商用户行为的隐式反馈推荐应用研究 [J]. 计算机与现代化,2023(11):44-50.

[150] 朱清香,侯会茹,刘晶,等. 基于矩阵多源加权关联规则在个性化推荐中的应用 [J]. 科技管理研究,2015,35(1):183-187.

[151] 朱玉屏,刘丽兰. 基于知识融合技术的产品设计知识模型研究 [J]. 计算机应用研究,2009(9)3235-3238.

[152] 卓广平,孙静宇,李鲜花,等. 一种基于CBR的个性化推荐算法 [J]. 广西师范大学学报(自然科学版),2011,29(3):151-156.